JN016431

PTA モヤモヤの正体

役員決めから会費、「親も知らない問題」まで

堀内京子
Horiuchi Kyoko

筑摩選書

PTA　モヤモヤの正体　目次

はじめに　11

第1章　まだまだおかしいPTA　23

1　初のPTA活動、1年目で挫折　24
「入退会は自由」の確認で緊張／「よく思っていないお母さんたちがいるよ」／二度目のチャンス

2　親をモヤモヤさせるのは……　32
原則は「入退会自由」、けれど現実は……／「一人一役」と「ポイント制」／PTA会費は学校の「第二の財布」？／PTAは母親の仕事？／「母親への非難は父親の100万倍」／卒業式のまんじゅうをもらえない？／とまどう外国人保護者／「会員はどんなに働かせてもタダ」？

3　PTAを「変える」ことの難しさ　59
本部役員をへて非会員へ／札苗小のPTA改革／アンケートに見る保護者の本音／一筋縄ではいかないPTA問題

第2章 これだけは知っておきたいPTA 73

1 PTAの仕組みの基本 74

学校単位の「小さなPTA」／お金から見たPTA／PTAの独自ルール／「大きなPTA」の仕組み

2 PTAはどのように始まったのか？ 81

「小さなPTA」の誕生／「大きなPTA」の結成、文部省が推進／「日本型PTA」の完成／先生たちとPTAの関係／PTAをめぐる保護者たちの動き／行政にとっての「潜在的利用価値」／戦前の「要綱」と現代の「支援法案」

第3章 親も知らないPTAの世界 103

1 「大きなPTA」の解剖――「P連」の世界 104

PTA会長たちが抱える負担／上部団体は「補助金の受け皿」／うまみのある「PTA保険」／上部団体メンバーに見られる三つの特徴

2 PTA組織の頂点、「日P」とは？ 123

大量動員の全国研究大会／全国大会は「街おこしイベント」⁉／「PTAに上下関係

はない」は本当か？／日Pは「保護者代表」なのか？／「親の願い」は掛け声でミュート／本音炸裂、日P会長との一問一答／役員経験者の「元が取れない」発言／唐突だった「日P会館」取得／日POBにも「日P不要」の声

第4章　「大きなPTA」はどこへ行く？　155

1　「親学」とPTAと現実政治と　156

「親学」の圧倒的な存在感／「親学」の勉強会に参加／「親学」と自民党政治家とTOSS／「親学」誕生の経緯／真の狙いは「家庭教育推進法」制定？／「親学」提唱者の来歴／「親学」の普及に熱心なPTA団体／PTAも「親学の砦」に？

2　PTAと日本青年会議所（JC）　181

PTAもJCも「道徳」推し／PTAとJCの共通点／「大きなJC」の政治的主張／「実は教科書採択委員なんです」／「教育再生」の中核には「徳育」／PTAとJCの連携強化？

第5章　これからのPTAのために　195

動き出すPTA問題／どこが、どう変わるといいのか？／「変わる」ために、どうした

らいいのか？／ＰＴＡは「自然現象」ではない／問題を指摘することはＰＴＡ活動をしてきた人の否定ではない／保護者同士の対立にしない／教員との対立でもない／意見表明・異議申し立てのための回路を持つ／突き詰めると「ＰＴＡをどう変えるか」ではないのかも？／スマートで耳ざわりのいい掛け声に乗らない

特別編　不合理なことは不合理だと声を出す……前川喜平氏インタビュー　219

日Ｐ「1千万会員」の政治力／会社員には難しいＰＴＡ活動／文科省の教育は「自ら考えて行動する人間」を育てなかった／「無駄な行事だ」と声を上げる／ＰＴＡのマンパワーに依存する日本の学校／地域に学校を開くとき、試される自治力／ＰＴＡと文科省の関係は？／「日本社会の病理みたいなものがつまった」ＰＴＡ

あとがき　231

ＰＴＡモヤモヤの正体

役員決めから会費、「親も知らない問題」まで

はじめに

日本の公立小・中学校にはたいていＰＴＡがある。

子どものころに母親がやっていたとか、自分が今やっているなど、ＰＴＡと何らかのつながりを持つ人は多いだろう。

ＰＴＡは、「子どもの笑顔」「わきあいあい」「地域の絆」などのイメージで語られる一方で、「同調圧力が強い」「時間を取られる」というネガティブな印象を持つ人もいる。ＰＴＡという名称で活動が始まったのは戦後だが、そのルーツの一部は太平洋戦争期の日本にまでさかのぼることができる。

学校ごとに活動するＰＴＡの多くが、ＰＴＡの全国組織である「日本ＰＴＡ全国協議会」（日Ｐ）に束ねられている。あとで詳しく述べるように、日本のＰＴＡはピラミッド型の組織となっていて、その頂点に位置するのが日Ｐという存在だ。

80年代の日Pには1000万人を超える会員（現在、約800万人）がいて、毎年、7000～1万人の会員を全国から集めてPTAの研究大会を開き、年間で億を超えるカネを動かしてきたということは、あまり知られていない。

私は10年前にたまたま、PTAの取材を始めた。最初の記事「どうする？　PTA：1「入退会は自由」「原則知って」各地で動き」（『朝日新聞』2012年1月15日、朝刊）には、掲載直後から取材チーム宛てに100通以上のお便りやメール、ファクスが届いた。しかも、細かい字でびっしりと書き込んであったり、びんせん何枚にもわたる長文だったり、法的な側面からPTAの問題点を指摘したりと、熱量の高いものが多かった。PTAという問題を、ずっと抱えてきたことを思わされた。「やっと感想を書く時間が取れました」と、掲載から1週間以上たって送られてきたメールもあった。「私がPTAをやっていた時代から、問題が変わっていないことに驚きました」という70代の女性からのお便りには、こちらが驚かされた。

反響に応えるかたちで、「どうする？　PTA」はシリーズ化され、1年以上続いた。「入退会は自由」という原則をはじめ、「非会員の扱い方」「改革の進め方」「会費の使われ方」「PTA保険」「PTAの上部団体や日本PTA全国協議会」などのテーマで、実例を紹介したり問題提起をしたりした。届いたお便りは200通を超えていた。ネットにはPTAについて考えるスレッドがいくつも立った。

もちろん、好意的な反響や情報提供だけではなかった。「記事を読んで、PTAをやめたいという人が出てきた。PTAをつぶす気ですか」「今のPTAがすべて正しくできているとは思っていないが、本部役員は必死でやっているのに、ネガティブなことを書かれたら次の役員のなり手がなくなる」など、批判的なお便りも少なくなかったし、「批判するなら、もっと「楽しく役に立っているPTA」という記事も書くべきだ」という要望も寄せられた。編集局内には「またPTA記事か」と冷ややかな見方もあった。

それでも、着地点を探して記事を書き続ければ、それほど時間はかからず問題は解消するだろうと思っていた。ところが、「PTAの入会を強制されて断ったら、卒業式のコサージュをあげないと子どもが言われた」「役員のなり手がいなくて、仕方なく引き受けたが無駄な仕事が多い」などの声は届き続け、PTAに悩む人たちからの相談が減ることはなかった。それどころか、「朝日新聞の記事を紹介して「PTAは入退会自由」とPTA総会で発言したら、誰にも賛同されず仲間はずれにされてしまった」「役員としてPTA改革に失敗して、授業参観や運動会で学校に出入りするのも苦痛です」などのお便りも届き、申し訳ないような気持ちになった。

それにしても、「PTAの入退会は自由で、強制ではない」という原則を口にすることが、PTAによっては居場所を失うほどのタブーになっているのは、どうしてなんだろう？

PTAのあり方や運用の仕方に疑問を持ったり、苦悩したりする人たちがいることを「PTA問題」と呼ぶなら、記事やニュース、ネットを通じて、今や多くの人たちが共有しているはずだ。PTA問題に気づいている人はたくさんいて、その中身は何年ものあいだ、ほとんど変わっていない。それなのになぜ解決できないのだろう？

理由はいくつかありそうだった。

例えば、①役員や会員は1年から数年単位で入れ替わるため、当事者性や問題意識が持続しない、②「同調圧力」が強いため、反対の声を上げるのが難しい、③「改革」のためには根回しや交渉などの時間が必要で、コストとメリットを考えると何もしないのが合理的な判断となる、④PTAを直接、指導・監督する機関がない、⑤保護者たち自身が、PTAの負担は当然と受け入れる、あるいは仕方なく受け入れているので、疑問を持つ人に対して、ときには攻撃する側になっていく——などだ。

けれども、おそらく一番大きな原因は、PTA会費の一部が上部団体に「上納金」として集金されていたり、PTA保険が存在したりするなど多額のお金が絡むこと（⑥）、そして、教育委員会やPTAのOB、地元の有力者などの「地域」やPTA連合会など、PTA会員以外の思惑も絡むこと⑦だった。

記事の送り手側にも、課題はあった。「PTAとは?」といった記事を毎年繰り返して掲載するのは難しいとされ、当事者になって初めて関心を持った人にタイムリーに情報を届けられない。当時は記事のデジタル配信も限定的で、アーカイブ化もあまりできていなかった。編集局の中でも当初、PTA問題は「取り上げるべき社会問題に比べたら、たいしたことない。女性の不満、子育ての話」と、軽く見られているように感じることが多かった。

そこで、読者とリアルタイムでつながる手段を増やそうと、2012年に朝日新聞・生活グループで、PTA問題などについてつぶやくTwitterのアカウント(@asahi_kazoku)を作った。2015年春には、同じ問題意識を持つ同僚らのチームで、紙面とデジタルの両方でPTAを扱った。2度のアンケートに計3000超もの回答が寄せられた。アンケートについて記事化し、寄せられたコメントもすべてネットで閲覧できるようにした。これまでのPTA関連の過去記事も、誰でも読めるようにアーカイブ化した。春がめぐるたびPTA特集を3回やった、が、PTA問題の当事者以外の人たちにもこの問題を広く知ってもらわなければ手詰まりになりそうだった。

では、横でつながろう――。

そのころ、PTAについて議論する中心的な場はオンライン記事のほか、ツイッターなどのSNSにうつっていた。保護者の立場から精力的にPTA問題や関連情報を調べて発信する人たちも増えて、ネット上にはかなりの蓄積ができていた。けれど他方で、「どうせPTAをやるなら、ラクに楽しく」というノリの「わきまえた」改革を志向する記事や、保護者同士のドロドロだけを面白おかしく取り上げるものなどもあった。そんななかで、PTAの是非を問うのではなく、まずは立場の異なる人たちが集まって、タブーなく話ができる場を作れないだろうか。私たちはそう考え、それぞれの新聞社でPTAや教育問題を取材してきた記者たちで横断的な実行委員会を作り、イベント「PTAフォーラム」を2019年から翌20年にかけて全国3カ所で開催・企画した。

2020年早春からの新型コロナウイルス禍は、日本社会の同調圧力の強さを改めて感じさせた。

感染した人の家に嫌がらせの落書きをしたり、県外ナンバーの車に傷をつけたり、医療従事者である母親に「お子さんを保育園に預けないでほしい」と迫ったり。日ごろは「善良」であろう人たちが、我慢と緊張を強いられたあげく正義感にかられて暴走する姿は、それまで私が取材してきたPTAの役員決めのときの緊張感や、PTAの非会員への信じられない暴言や嫌がらせのケースと重なって見えた。

いつからか私は、ニュースの中にＰＴＡとの共通点を無意識に探すようになっていた。「同調圧力」「人権と法律の軽視」「前例踏襲」「主に女性が担ってきた無償労働」「無関心」「形式的平等主義」「スローガンを押し出した精神主義」「共助、自助、公助」――。

身近な困りごとを解決するつもりで始めたＰＴＡ取材は、「国家と教育」の問題まで広がっていった。

例えば、全国のＰＴＡに浸透している「親学」を調べるうちに、親学を提唱した教育学者や、親学の普及にも力を入れ、安倍首相（当時）を応援していた教師集団「ＴＯＳＳ」の代表、憲法改正をうたいつつやはり親学を推進する日本青年会議所（ＪＣ）、親学を推し進める根拠となった教育基本法の改正（２００６年）、そしてそれを後押ししてきた「日本会議」――と、ＰＴＡとは直接関係のないようなものが次々と目の前にあらわれた。ＰＴＡの取材をしていたはずなのに見えてきた予想もしなかった景色を、私はできるだけ多くの人と共有したいと思う。

「ＰＴＡは入退会が自由で、参加は強制ではない」

取材を始めたころは、その原則が多くの人に知られればＰＴＡ会員も減って、会費や行事、ローカルルールが見直され、時間とともに問題は解決すると想像していた。けれども、それはスタートラインに過ぎなかった。この原則を「知らせたくない」という力が働くうえに、少しぐらいの会員減少やルールの変更ぐらいでは、ＰＴＡのピラミッド構造はびくともしない。

今、ネットを見れば、ＰＴＡは入退会自由という情報は簡単に手に入る。教育委員会が率先して、ＰＴＡの活動を「強制しないように」と周知するケースも出てきている。けれどそれは全国的な動きとはなっていない。この10年で、ＰＴＡと地域の連携が強化されるケースもあり、ＰＴＡに関する情報開示や変化の速度に関しては、地域間の差が広がってきているとさえ感じる。

このままだと、同調圧力がそれほど強くない都市部の人や、自ら情報を集めて行動できる人たちが最初にＰＴＡを抜けていくだろう。ＰＴＡ「非会員」になることを自ら選んで、保護者として「いない存在」とされる人も出てくるだろう。そうなれば、職場と生活圏と学区がほとんど重なっている人や、声を上げづらい人たちが、ＰＴＡピラミッドの中に取り残されてしまう。こうして残った人たちの、さらに一部の人たちが、「保護者代表」「保護者のリーダー」として振る舞うことになるかもしれない。

いや、もしかしたら、今もそうなりかけているのではないだろうか。

全国組織のＰＴＡは、巨大な船のようだ。公称で８００万という乗客を乗せているが、その操舵室に入れるのは64人（47都道府県、16の政令都市のＰＴＡ連合会長）だけ。これらの人びとは、社会教育の専門家でもなければ、ＰＴＡ会員ひとり一人による投票で直接選ばれたわけでもない、ボランティアでやってくれている保護者だ。船内で起きた不祥事の責任も、操舵室にいる人びとの見解や発言の妥当性も、まず問われない。毎年メンバーの顔ぶれは変わり、右にも左にも針路がふれる。

ＰＴＡ会費を払っている会員の多くは、そんな巨大船に乗せられていることに気づいていないし、どこへ向かっているのかも知らない。もし疑問や不都合があっても、あなたは個人客ではなく、団体客の扱いなので、この船に直接問い合わせができる窓口は設けられていない。船から下りる人たちも少しずつ出てきているが、船の中で、いなくなった人のことや途中下船の方法をおおっぴらに話すことはタブー。船室では絶え間なく、「道徳心」「家族の絆」「早寝早起き朝ごはん」「親学」「携帯電話やゲームとのつきあい方」「家庭の教育力が低下している」などのお話が流されている。そして、乗船した人たちは何を望んでいるのかを尋ねられてもいないのに、いつの間にか全員で何かを要望したことになっていたり、何かに進んで協力することになったりしている。

この船、「日本ＰＴＡ丸」から下船できるのは、一部の人に限られる。「日本ＰＴＡ丸」から逃れるために私立受験を選ぶケースすらある。私立学校や海外留学、移住などの選択肢があればまだマシかもしれない。でも、日本で暮らし公立学校に子どもを通わせている多くの家庭は、半ば自動的にＰＴＡの支え手となり、日Ｐの存在感を高め、政府に出す「要望」を正当化するためのコマとしてあてにされている。ということは、大半の保護者たちが「日本ＰＴＡ丸」から下りられないばかりか、それなりの額の会費を支払い、さまざまなイベントに動員されていることになる。親たちだけでなく、子どもたち（そして教員）をも、学校を通して容易に動員の対象とすることができるのは、コロナ下の東京五輪でも明らかになった通りだ。

あなたは、ＰＴＡの会員になって初めて問題を実感する。そして少しでも改善させようと動いてみたものの、気力も体力も消耗する。そうこうするうち子どもはあっという間に大きくなり、保護者でいられる期間は過ぎ去ってしまう。こうして問題はまた先送りされる……。全国のＰＴＡで何十年にもわたって、このようにして費やされた労力が、どれだけあっただろう。親たちが、声と力を使うべき社会の課題はＰＴＡだけではないし、自分のための時間も大切だし、時間は有限だ。だからこそ、ＰＴＡ問題をできるだけ早く、そして根本的に解決するにはどうしたらいいのか、そもそもPTA問題の根本的な解決とは何を目指すことなのかを考えていきたい。

PTAについては、誰でもそれらしいことを言うことができる。子どもがいる家庭では身近に経験しているし、教育のことは、大半の人が何かしら一家言もっているからだ。けれど実際には、一人ひとりが思い描くPTA像は異なっていて、議論がかみ合わないことも少なくない。そこで、この本ではまず、二つのPTAがあることを前提に話を進めていきたい。一つは学校ごとにある「小さなPTA」（単P）。もう一つは、その小さなPTAを束ねた市区レベルの連合体や、それをまとめた都道府県レベルの上部団体、さらにそれを統括する日本PTA全国協議会（日P）という「大きなPTA」だ。第1章では主に身近な「小さなPTA」とその課題を取り上げ、第2章ではPTAの歴史について論じる。そして第3章と第4章では「大きなPTA」に光をあて、それがどのような課題を抱えているのか説明している。

PTAのことはだいたい分かっているという方は、先に第3章と第4章から読んで、前に戻ってもらってもかまわない。

＊登場人物の年齢、肩書は原則として取材当時のものである。

第1章
まだまだおかしいＰＴＡ

1　初のＰＴＡ活動、１年目で挫折

「入退会は自由」の確認で緊張

７年前の秋、私は子どもが入学する近所の区立小の学校説明会に出席していた。校長や先生の説明が終わると、今度はＰＴＡ会長が活動紹介をした。「ご質問はありますか？」と促されたが質問をする人はなく、私は心を決めて手を挙げた。「あの……確認なんですけれど、ここのＰＴＡは入退会自由ですよね？　つまり入会は、強制ではないですよね」

会場の教室が一瞬、静まりかえった気がした。会長は「強制ではありませんが、子どもたちの活動のために、みなさんのご参加をお願いしています」と答えた（２０２０年春のコロナ禍で「飲食店の休業は強制ではありませんが、みなさまに営業自粛のご協力をお願いしています」という言い回しを耳にし、このときのことを思い出した。法的根拠も十分な補償もなく、人に制約をかけたいときに使われる言い回しだろうか）。

それで、説明会は終わりだった。当時は待機児童が多くて、第６希望で入ることができた学区外の保育園に子どもを通わせていたこともあり、説明会に来ていた保護者たちの中に顔見知りは一人もいなかった。私の発言がＰＴＡ問題に関心のある誰かに響いて、声をかけてくれたりしないかなと期待しつつ、ひっそりと帰宅した。数日後、同じ保育園で別の小学校に入学予定のママ友の一人が、「聞いた？　あそこの小学校のＰＴＡ説明会で、入退会は自由かって聞いた親がいたんだって。いやだね」と言い、私は「それ、わたし」という言葉を飲み込んだ。誰も声をかけてこなかったけど、別の意味で響いてたのかー。入学前から、指名手配されたような気分だった。

そのころ、ＰＴＡ関係の取材は3年目に入っていた。ＰＴＡを変えようと奮闘している保護者たちの話を各地で取材していくうちに、「安全地帯で笛を吹くみたいに記事を書いているだけでなく、私も当事者になったら、ＰＴＡについては筋を通そう」と決めていた。新聞記者の仕事をして20年、社長会見や大臣会見で食い下がることはあった。でも人生の中で、あのＰＴＡ説明会でのたった一つの質問ほど、口が渇き、舌が思うように回らなかった経験はない。未熟な親子がこれから所属することになる学校という小さなコミュニティで、何の職務命令も肩書もないひとりの保護者として異論を口にするのが、どれだけ難しいことか身にしみた。疑問の声を上げた人たちの勇気や、実際にＰＴＡへの強制参加をなくしたりしてきた人たちの粘り強さには敬服するほかない。

けれど、声を上げたからといってうまくいくとは限らない。まずは、ＰＴＡに入って1年目でぽきりと心が折れたというケースを紹介したい。私です。

「よく思っていないお母さんたちがいるよ」

入学式の日、学校から渡されたプリントには、1週間後の平日にPTAの係決めがあるとさらっと書かれていた。が、すでに仕事の予定が入っていた。急な日程調整が難しい人もいるだろうな、と思いながら出欠票の「欠席」に丸をつけ、やりたい係は「クラス委員」と書いて提出した。まずはPTA活動に関わって、自分が所属することになるPTAのことを知ろうと思ったからだ。けれどもその日、出席できなかった私は、くじ引きでお祭りなどの行事係になっていた。

年に一回のPTA総会に出てみると、参加者の多くは本部の新旧役員かクラス委員のようだったが、校長と教員の多くが出席していた。全体の説明が終わって質疑の時間になったので、改めて、入退会は自由なのかという確認と、それであれば一人一役[★1]とポイント制[★2]を廃止できないか、また上部団体[★3]に参加している意義や上納金について質問し、「PTAのやり方を変えていきませんか」と提案した。そして、「PTA総会で、誰にも根回しをしないでそんなことをぶち上げるとどうなるか」というサンプルのように、すがすがしくも白々しい空気が流れた。

ただ、この年の新会長には感謝したい。「論点が多そうなので、その話はまた改めてということで」とひきとって総会を締めたあとで、「日を改めて、もう少し話を聞かせてくださ い」と、わざわざミーティングの時間を作ってくれた。

そのミーティングは冒頭から、「ＰＴＡを変えるなら内部からでしょ。僕は会長として、ＰＴＡ関係で年間に１５０時間使ってる」「話は分かるけど、何も知らない保護者を刺激するのはやめてほしいな、「寝た子を起こすな」じゃないけど」という感じだった。ＰＴＡに疑問があって、３年間、会費を払っていない保護者もいたが、説得してようやく払ってもらったとも話していた。入退会の自由を周知してもＰＴＡとしては問題なく機能した事例や、ＰＴＡ上部団体の問題点などを話しているうちに、「なんだかまるで民主主義の話をしているみたいですよ」という感想をくれたが、特によいアイデアもなく終わった。

初めての小学校でＰＴＡのあり方に疑問を呈した私は、お母さんたちから壁を作られるのではと身構え、学校行事では特に感じよくふるまおうとつとめた。秋のＰＴＡのお祭り係では、バザーの品物整理やプラ板作りなどを笑顔で担当した。取材中に何度となく聞いた「子

★1——「一人一役」とは、本部役員などとは別に、会員すべてに何らかの役をあてるというもの。

★2——「ポイント制」は、会長は3点、クラス委員は1点……などのように、ＰＴＡの係それぞれに点数を付け、6年間で獲得すべきポイント数を決めておき、合計ポイント数の少ない人に係を割り当てるというもの。

★3——上部団体とは、学校単位のＰＴＡが集まって作るＰＴＡ協議会やＰＴＡ連合会のこと。

どもが人質」というのはこのことかと痛感した。けれども私の場合、同級生の保護者たちは親切で感じがよく、子育てのあれこれを冗談にしたり愚痴をこぼしたりできる人たちだった。

それでも、「PTAのことで、あなたのこと、よく思っていないお母さんたちがいるよ」、誰とは言わないけれど」と言ってくる人はいた。

私としては、「小学1年生と保育園児と私の3人家族で、私は働いていますが、PTAの中には病気や介護をしていたり、家族が単身赴任だったり、私よりもっとたいへんな思いをしている方もいると思います。私は、自分が引き受けられない役員を誰かに強制する側には立ちたくない。だから強制をなくし、誰も無理をしなくていいように変えませんか」と、プライベートな事情を明かして総会で提案したつもりだったが、好感度は低かったようだ。

二度目のチャンス

そんな1年目の冬、「一緒にうちのPTAを変えませんか」と、会長から思いもよらない提案をうけた。会長になって初めて見えてきた課題があり、来年度も会長を続投しようと思う、その際、改革委員会を作ってPTAを変えていきたい、という話だった。「まずはPTAの勉強会を開きませんか」という。

それはありがたいなと、私は喜んだ。ちょうど、PTAを改革するために、「どんな条件がそろうと、改革がうまく進むのか知りたい」というお便りに応えて記事を書いていた。

小学校ＰＴＡの副会長も経験し、『ＰＴＡ再活用論』（中公新書ラクレ）を書いた作家の川端裕人さんは「重要なのは、会長に改革の意思があるかどうか。うまくいったケースのほとんどは、会長が率先して動いている。ＰＴＡ側が現状を変えたいと考えても、校長が反対した例もあるので、理解のある校長の存在も大きい」と言っていた。悩んだときには、インターネットサイトやブログなどにアップされた、同じ悩みを抱える人たちの取り組み例が参考になり、率直に話し合える仲間がいると、なお心強いとも。

ＰＴＡ改革をテーマに記事を書く際に、川端さんと改革の条件について話し合った。こうして、ＰＴＡ改革の実現可能性を判定するための六つのチェック項目が出来上がった。

□「入退会自由」の原則周知など、最新のＰＴＡ事情について情報を集める
□おかしいと声を上げたり、現状に疑問を持ったりしている会員と協力する
□役員の中に、少なくとも1人の賛同者をつくる
□問題の解決に前向きなＰＴＡ会長を選ぶ
□校長がＰＴＡの問題に関心がある
□地域やＰＴＡ連合会、教育委員会に理解がある

当てはまる項目に点数をつけてもらうのだが、四番目のPTA会長だけが3点で、それ以外はそれぞれ1点とした。合計が5点以上であれば改革の実現可能性は高いと記事に書いた。「一緒にうちのPTAを変えませんか」と言ってくるぐらいだから、会長にやる気は十分あるし、PTA関連の情報もある。それにPTAのあり方に疑問を持っている会員は複数いるから、計5点以上——。今度こそ、少しは変えられるかもしれない。そう思った。

会長に、PTAで勉強会を開く前にまずは校長にも話をして協力してもらいましょうと言われ（根回し大事）、会長と一緒に校長のもとに赴き、「よいPTA改革のモデルを作れば、先進事例として注目もされます」と前向きに話をした。校長は、賛否は言わなかったが、最後まで話を聞いて、勉強会に参加すると言ってくれた。

勉強会の準備のために数日間は、2人の子どもを寝かせ、残った仕事を終わらせてから、プレゼン資料を作った。当日は、PTAについて考えたいという保護者仲間だけでなく、会長が声をかけた区内の他校のPTA役員らも来てくれて、40人ほどが集まった。

会長と私のプレゼンが終わり、質疑に入った。「PTAの入退会は自由」だと私が仕事で書いた朝日新聞の一連の記事への批判が相次いだ。でも、一番痛烈だったのは、PTA広報誌コンクールの入賞経験もある他校のPTA役員の意見だった。「私たちのこれまでの活動を否定するんですか」という趣旨で、最後に「あなたも一度、本部役員をやってから、改革とかそういうことを言ってほしい」と言って着席した。そして、会場のあちこちから賛同の拍手がわいた。そのあたりで時間が来て、勉強会は終わった。

勉強会のことを後日、ＰＴＡの広報誌で紹介するので、原稿を書いてほしいと言われていた。私はさらに数晩を費やして文字起こしをして記録をまとめた。原稿を送ったあと1カ月ほど、忙しさで忘れていたが、そういえばどうなったかなと思っていたら、改革委員会は白紙になったと聞かされた。勉強会の内容が広報誌で紹介されることもなかった。

自分で書いた記事で紹介した「実現可能性」チェックリストでいえば、点数的にはいい感じだった。関係者への根回しや資料の準備などにそれなりに時間を費やして、プライベートな事情も明かして理解を得ようとした。けれど、私が所属するＰＴＡの活動にこれといった変化をもたらせず、挫折感だけが残った。そういえば、川端さんもＰＴＡ改革に奮闘したけど、「自分は負け組です」と言っていたな……。私は遠のく意識の中で思い出しながら、全国のＰＴＡ無名戦士の墓に埋もれた。それから1年ほどは、ＰＴＡの話を聞くのも嫌になり、取材から足が遠のいた。

これは一つのケースに過ぎない。同じＰＴＡ活動でも、その経験の中味、受け止め方には個人差があり、それをシンプルにまとめることは難しい。けれども、いくつものケースを見ていくと、共通する点も出てくる。そこで、私が取材したさまざまなケースや、朝日新聞のアンケートに寄せられた声などを紹介しながら、ＰＴＡ問題としてよく出会うものや、「ＰＴＡあるある」をまずは見ていきたい。

2　親をモヤモヤさせるのは……

原則は「入退会自由」、けれど現実は……

ＰＴＡはそもそも、入退会自由な任意団体だ。強制的に入会させられる法的根拠はないと、文科省も繰り返しコメントしているし、２０１０年2月11日に横浜市で開かれたシンポジウム「これからのＰＴＡのあり方」（主催はＮＰＯ法人「教育支援会」）でも確認された。

強制的な入会について、憲法学者の木村草太教授（東京都立大学）は、憲法で保障される「結社の自由」には「結社しない自由」もあり、法的には無効と指摘している（「朝日新聞」２０１３年４月23日、朝刊文化面）。実際、この10年ほどで「ＰＴＡは入退会自由」という認識はかなり広まり、ＰＴＡの会規約や会則に明記したり、入会の意思確認をしたりするＰＴＡが徐々に増えてきている。その一方で、地域によってその認識にだいぶ差がある。もちろん、「入退会は自由」という原則は、それを規約に明記したＰＴＡだけに適用されるのではない。規約に書かれていなくても、「PTAは入退会自由」だ。

ただ、「想定されるさまざまな不利益を考えると事実上、入会以外の選択肢がない」という親たちは少なくない。

「しがらみが強い田舎では、PTAでのつきあいイコール近所づきあいで、一生離れられない。建前は入退会が自由でも、実際には、自由意志による選択なんてできないと思う」と話してくれたのは、広島県の40代の女性。面倒見がよくて気さくな彼女は、保育園では保護者会の会長を務めたこともある。けれど、小学校のPTAでは、活動できない保護者への陰口や無視を目の当たりにした。上部団体の講演会や親睦会への動員も、半強制的だという。

「PTAのあり方を見直したい、などと発言すると、自分の親だけでなく義理の親にまでそれが伝えられ、文句を言われるような地域です。地域の人すべては知り合いで、仲間たちとPTAの何かを変えようと話し合っても、誰かの困る顔が浮かんでしまう。子どもはかわいい盛りの小学生。本当なら自分も「小学生の親」という時期を楽しみたいのに、気がつくと、小学校はあと何年で終わる、と数えてしまっている」

PTAが、事実上の全員参加になってしまうことで起こるのは、年度末や年度初めの保護者会で行われるPTAの役員や係決めにまつわる無理強いだ。会員にならないという選択肢がほぼない状態で、保護者全員が体育館に集められて、会長や会計などの役員が決まるまで入り口を閉め、そこから誰も出られないというやり方をとるＰＴＡが、いまだになくならない。そして、役員を引き受けられない場合、プライバシーにかかわるような理由——ひとり親だとか別居中だとか、自分の重篤な病気や精神疾患、介護中の家族の要介護度や認知症の具合、経済的に苦しくて例えば仕事を掛け持ちしていることなど——を会員たちの前で話して「免除」してもらわなければならない、というルールで運営しているところもある。

「役員を決める場で、シングルマザーとして収入が減ってしまうので「免除」にしてほしいと、とりまとめ役に伝えると、その理由を保護者全員に聞こえるように自ら説明し、納得してもらってくださいと言われました」（大阪・50代女性）

「役員決めに欠席したら、本部役員になっていた」というケースや、ＰＴＡの代表である会長ですら、「くじ引きで決まってしまった」「じゃんけんで負けて引き受けることになった」という人たちがいる。

ＰＴＡでは多くの場合、やらなければならない行事は前年度に決まっている。会長や本部役員になって、不要と思われる行事をスリム化させようとしても、前年度、あるいは数年前の役員たちが決めたイベントや、ＰＴＡ大会のホスト役などはすでに予定に組み込まれていて、予算も組まれているから、役員を引き受けた年にそれらを変更するのは難しい。

たとえ、行事を見直してはどうかという意見が出ても、「長く続いたものを自分たちの代でなくすのはいやだ」という消極的な反対や、「私たちが続けてきたものをやめるのか」というOBからの反発が出てくるし、現会員からも「来年から楽になるのはずるい」という声が上がる。一つの行事を見直すにしても、その合意にこぎ着けるだけで手間がかかるので、結局、何かを見直すよりも、決められたことをこなすほうが合理的だと判断されてしまう。一度始めたものや、行政から委託を受けたものは見直すことが難しいため、イベントや仕事は増えていく傾向がある。

新型コロナの影響で、PTA主催の行事や講演会、お祭りや役員の会合などができず、これまでの運営方法や行事のあり方を見直しているところは多い。言い換えると、これほどの社会変動がなければ見直しは難しかったのだ。

そもそもボランティア団体なので、会長のなり手がいないとか、参加する人が少なかったりすれば「今年は残念ながら休会で」となってもおかしくないはずだが、会長がいない、PTAが存続できないのは大変な事態だと思われている。そのため、次年度の役員になってくれる人を前もって見つけて説得するための「役員選考委員」を置いているPTAもある。決まらなければ、役員選考委員の「責任」だ。同じ会員が苦労しているのを見かねて手を挙げてくれるような、ボランティア精神の持ち主によって維持されているPTAも珍しくない。

住民の善意で公共サービスの一端を担ってくれている自治会や町内会、消防団などにも、それと似た構図と問題が見て取れる。

例えば、こんな事例がある。

市営住宅で一人暮らしをしていた男性が、自治会の班長にくじ引きで選ばれてしまう可能性があると知り、自治会の役員に「精神の病気で、班長はできない」と伝えた。それでも「特別扱いできない」と言われ、役員らの前でびんせんに「おかねのけいさんはできません」「ごみのぶんべつができません」などと書かされたのだ。しかも役員らから、この文書を同じ階の住民に見せると言われ、男性は翌日、自宅で亡くなった。遺族は、他人に知られたくない障害の内容を書かせたことは、憲法13条が保障するプライバシー権や人格権の侵害にあたると主張。役員らが男性に文書を書かせ、それをほかの住民に見せるなどと伝えて過度な心理的負担を与え、男性を自殺に追い込んだとして提訴したのだが、この事例は、そのままPTAの役員決めにも重なるところがあり、当時、共感・同情したPTA関係者は少なくなかった。

「一人一役」と「ポイント制」

PTAの運営をいびつにしているのが、「平等な負担」「公平さ」という幻想だ。その象徴が「一人一役」と「ポイント制」という、PTAにおけるローカル・ルールだ。

「一人一役」のほうは、本部役員などの負担が重い役職とは別に、その年の会員が必ずその年に一つ、PTAの何かしらの仕事を担当するというものだ。

「全校2千人を超える保護者に役をあてるため、不要とも思える係がたくさんあります」（愛媛県・40代女性）

会員間の（見た目の）負担の平等や公平さを追求していった結果、このような事態すら起きてしまう。全員に割り当てられるだけの係を作るのも結構な手間だし、不要な仕事を温存させたり、「残りの人は、週末の講演会への参加担当」のように、無用な動員を増やしてしまうことにもなる。

ポイント制度というのは、「会長は3点、広報委員は1点」のように、負担の大きいPTAの係には大きな点数を付けておき、「入学から卒業までの6年間で3ポイント以上獲得するように」などと決めて、合計ポイントの少ない人に役員を割り当てる、というものだ。

「うちのPTAは、強制どころか、役員決めのときにお母さんたちが次々に手を挙げてくれます」というPTAでも、実際にはポイント制度が導入されていて、高学年になって責任や負担が重くなる前にポイントを稼いでおきたいという心理が働いて、「次々と手を挙げて」いただけ、ということもある。

ポイント制を導入しているPTAを経験した方の、次のような声を紹介しておきたい。

「「高ポイントの役職だから忙しくて当然でしょ」の風潮が大きく、まるでポイントが給与額のような言い方を常にされます。また、子どもひとり頭のポイントの取得義務値が決められており、双子や年子も特例がないので、該当する保護者が高ポイントの役職に殺到する悪循環。むだな中間管理役職は増える一方です」（東京都・40代女性）

個人の事情はそれぞれ違い、負担の度合いも違う。だから、負担を同等にするのは難しいし、しなければいけない理由もないのに、「負担を公平にする」「あの人がやらないのはずるい」という言葉に敏感なＰＴＡでは、「一人一役」とか「ポイント制」といった仕組みが精緻に作られてしまう。ポイント制がひとたび導入されれば、そもそも「入退会は自由」であるにもかかわらず、そのことを周知したり、役員や行事を減らしたりしようとすると、「せっかく我慢してポイントをためてきたのに、来年からポイント制がなくなってラクになるのはずるい」という声が出てきて、頓挫してしまったりする。

ＰＴＡ会費は学校の「第二の財布」？

親をモヤモヤさせるもう一つの大きな問題は、ＰＴＡ会費の使われ方や、ＰＴＡから学校への寄付のあり方だ。例えば、朝日新聞のアンケートには、次のような声が寄せられた。

「会費の使われ方がずさんだ。会計報告書は形だけで、帳じり合わせだ。学校の予算項目と

ダブっているところがあり、余分なお金を経費としてストックし、別の使い道に使う」（群馬県・50代男性）

「全ＰＴＡ会費約３００万円のうち約２００万円が図書館運営費、つまり司書の給与。本来、行政が運営費用を全額負担すべきだ。寄付であるＰＴＡ会費を当て込んだ教育行政はおかしい」（長野県・40代男性）

「活動は、学校職員の人員不足を補うためのお手伝いが非常に多い。「暇であろう主婦をタダで学校のために働かせる」という虫のよさが感じられる。市は予算がないからと必要な修繕費も出さず、学校は後援会費を当てにする。防犯用の玄関のオートロックまでＰＴＡからの寄贈だ」（青森県・40代女性）

元中学校の教員からも、こんな声が上がる。

「多くの学校で、ＰＴＡ会員は体育祭などのお手伝い要員や、見守りなどのボランティアと化している。本来、職員で賄うべきもので、人員や財源不足を補っている。教職員と保護者、保護者同士の交流を深め、相互の連携を図る活動にしぼるべきではないか」（東京都・50代男性）

ＰＴＡの活動経費は、組織の中の活動経費と学校支援活動経費とに分けられる。前者は、ＰＴＡ会員のための研修や、上部団体に納める負担金、会議費や慶弔費、印刷費など。後者の内訳は、部活動の遠征費や用具の購入費、校外ボランティアの費用などを補助する「生徒活動補助」、卒業式のコサージュなど、学校教育を行ううえで不可欠とは言えないものを補助する「学校行事補助」、そして周年行事や災害時など、特別な用途のために積み立てる「特別事業積み立て」などだ。

教育環境の改善を目的に、ＰＴＡ会費から公立小・中・高校などに寄付もされていて、２００７年度の場合、総額２１１億円となっている（文部科学省調べ）。備品の購入費をＰＴＡ会費から捻出することで学校を支えるＰＴＡも珍しくない。けれど、公立小・中学校の経費は、公費負担が原則だ。地方財政法は、校舎の修繕費や職員の給与を住民が負担することを禁じている。しかし、公費負担の範囲があいまいなため、ＰＴＡ会費が事実上、「第二の財布」となっている学校もある。

公立中のＰＴＡで会計役員を務めた女性は、「生徒の名札や扇風機、給水器購入のほか、校庭の土の入れ替え費用もＰＴＡが負担していた」という。千葉県の公立中のＰＴＡ会長だった40代の女性は、「会費収入の3分の1にあたる年間約50万円を、学校へ『支援金』として支出していた。ここから教員の研修参加費も出していた。どの学校も教育委員会からの予算が不足しており、ＰＴＡ会費は学校運営に不可欠な存在」との声を寄せてくれた。

私が取材したある市立中学校のケースは印象深い。

PTA総会で、年会費を600円引き下げて、各家庭3600円にすると決めた。その理由は、使い切れずに余った「繰越金」をこれ以上増やさないと決めたこと、会費の使い道を見直して経費を減らしたことだった。

その2年前に、既存のPTAを解散し、保護者と学校、地域の人たちからなる組織に変えた。その際、会費の使い方についても議論した。

例えば、「○○小学校、開校55周年記念」のような開校記念のお祝い（「周年事業」）についてだ。学校が記念式典を開いて、校庭での人文字を空撮したり、記念品を贈ったりするとき、PTAとして協力するかどうか。周年事業のために、PTA会費から積み立てをしているところはよくある。10年ごとにめぐってくる行事では、6年間の在校中に記念式典の記念品がもらえない学年が出てきて「不公平」だという理由で、周年行事を5年ごとに開いているところもある。こうしたなかで、このPTAは「創立記念事業に多くの来賓を招いて気持ちがいいのは校長と会長ぐらい」（当の会長談）だと、祝賀会を廃止した。

「協力金」という名の学校への寄付も、年100万円から70万円に減らした。体育館のいすやスリッパなど備品の寄付もやめ、必要な場合はその経費の請求を、学校側から市教育委員会にしてもらうことにした。食事会や編み物教室など、PTA主催の研修会も廃止した。上部団体である市PTA連合会への所属をやめたのもこのときだ。それまで年約4万円の会費を納めていたが、会員たちのあいだで「望まない講演会や懇親会に参加する必要はない」という意見が多かったためという。

学校教育法は、公立小・中学校の経費は原則として公費で負担すると定めている。ただＰＴＡは、戦後に発足した当初から、学校の後援会的な性質を帯びていた。例えば校舎の修繕費用や教材や図書、運動用具の購入などでは、保護者がＰＴＡを通じて学校を支援してきた。高度経済成長期になって、保護者の負担は軽減されていき、１９６０年の地方財政法の一部改正で、校舎の修繕費を住民に負担させることなどが禁じられた。けれど、80年代に入って、義務教育費を負担する割合を国が減らしていくと、保護者の負担はふたたび増加した。先に紹介したように、全国の公立小・中・高校などへのＰＴＡの寄付額は２００７年度には計２１１億円に達している。一方で、学校へ寄付や支出をしていないＰＴＡもある（そもそもＰＴＡがない学校もある）。

例えば、２０２０年度の長野県教育委員会の学校納入金等調査によると、県内の小・中・高校などを合わせたＰＴＡ会計支出総額は約8億3千万円で、そのうち「学習活動費」や「施設・設備充実費」など教育のために支出したのは4割強の約3億6千万円だった。中でもクラブや行事の割合が多かった。前年度繰越金は全体で4億4千万円だ。小・中学校に限ってみると、ＰＴＡの会計収入は計6億5千万円に上る。

「財政難の地域ほど、保護者負担に頼っている。ＰＴＡ会費が事実上、「第二の財布」になっている学校もある」（全国学校事務職員制度研究会）との指摘もある。ＰＴＡ会費がスクールカウンセラーへの謝礼や校舎の修繕費に充てられたり、家庭訪問のタクシー代に使われたりしたことが、会計監査によって判明して、不適切な支出だとされた例は全国で見られる。

三輪定宣（みわさだのぶ）・千葉大名誉教授（教育行政学）は次のように指摘する。

「本来なら公費で負担すべき費用を、ＰＴＡ会費など保護者の私費に依存する流れが強まっている。１９７１〜８０年にかけて、自助努力と自己責任が言われるようになってきた。国が義務教育にかけるお金を減らし、地方もそれを補う体力がないなかで、子どもの教育は社会の利益になるという考え方が薄れ、受益者負担の論理にすり替えられてしまった。戦後すぐは経済が壊滅状態で、私費からの支援も仕方なかったかもしれないが、それをずっとひきずってきた。学校側から保護者に負担を依頼する場合も多い。教材や給食費など、間接的なものも含めて、世界の潮流は高等教育の無償化に向かっているのに、日本はこれまでひたすら有償教育の道を驀進（ばくしん）してきた」

２０２０年に発表された統計（２０１7年分）で、ＯＥＣＤ加盟諸国と比べてみても、教育に対する日本の公的資金の支出額は下から2番目だ。

ちなみに、同調圧力やPTAの仕事の負担に苦しむ声は主に母親たちから上がるが、会費の使途をめぐっては父親からの問題提起や情報提供が多い。これは、PTAの会長や上部団体の役員などを務めるのが主に男性で、会計の実態が見えやすいポジションにいることが多いのが理由の一つだろうか。

PTA会費の一部から、PTAの上部団体に拠出される「上納金」について疑問の声を上げるのも、その多くが男性だ。

「毎年度余剰金がでるので、会費の値下げについてアンケート、会員の約8割が賛成だった。代議員会で提案したところ、いつもはほとんど発言しない校長、教頭が必死になって抵抗した。学校ごとのPTAは、集めた会費の一部を郡PTAに上納し、その会費のほとんどは県PTAに上納され、その一部がさらに上納されている」（長野県・40代男性）

「教員の立場から見ると、校長・教頭は、PTA（保護者）をうまくコントロールして、学校に干渉しない無害な活動（ママゴト・組織ごっこ）で自己満足させながら、上位団体に上納する資金だけはきっちり確保する能力が問われます」（福井県・30代男性）

カネの使い道と合わせ、使途不明金の問題は根深い。会員が入れ替わり、継続的に見ている人が限られてしまうことや、会費やイベントのための積立金など、日ごろの活動に見あわないような多額のお金を管理しなければならないこともあり、上部団体を含めてＰＴＡ関係の使途不明金や着服などは全国で散発している（この問題については第3章でも取り上げる）。

ＰＴＡは母親の仕事？

ＰＴＡによっても違うが、ＰＴＡ活動の一環として、学校行事の受付や来賓へのお茶出し、ベルマーク集めや教育講演会の参加などに、母親（＝女性）が当然のように駆り出されることも多い。しかもそれは無償でやってもらうことが前提になっている。

「学校行事の度に運営役員が駆り出され、お茶くみや弁当配りをさせられることに納得がいきません。卒業式の来賓へのお茶出し、終了後の食事接待の準備・片づけ、教員の祝賀会の準備、先生方との食事。必要でしょうか？」（神奈川県・40代女性）

ＰＴＡを取材すると、日常の活動を担っているのは圧倒的に母親のほうだが、懇親会もかねた研修などでは男性が目立つ。取材で出会う会長も、男性が多い。

調べてみると、その印象を裏付けるデータがあった。内閣府の『男女共同参画白書（平成21年版）』は、小・中学校のＰＴＡ会長に占める女性の割合を都道府県別にまとめている。ばらつきはあるものの、都市部では女性の割合が比較的高かった。最も高かったのは東京都で、男女比はほぼ半々。神奈川県と奈良県は「３人に１人が女性」で、それに続く埼玉県は

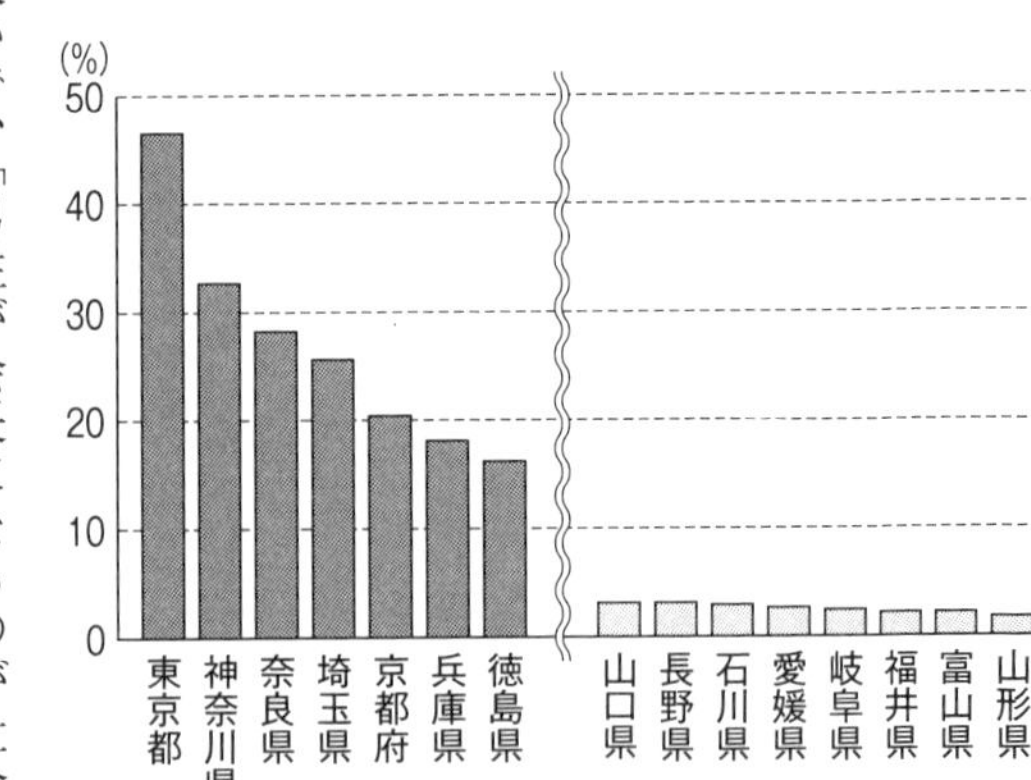

出所：内閣府男女共同参画白書2008年版

「４人に１人」だった。女性会長が10パーセントに満たない自治体は36道府県あり、うち３パーセント以下だったのが、山口県、長野県、石川県、愛媛県、岐阜県、福井県、富山県、山形県だった。

長野県の岡谷市は男性の地域参加について、市内の小・中学校のＰＴＡ正副会長らと保育園保護者会の役員計１４０人を対象に２０１１年にアンケートを実施している。１１７人から回答を得てまとめられた報告書によると、女性会長が少ない理由（複数回答）で最多だったのは「家事・育児に忙しく、活動に専念できない女性が多い」だった。ＰＴＡの６割、保育園の４割が挙げている。

次いで、「男性が会長になるのが社会慣行」で、ＰＴＡの５割、保育園の４割が選んだ。この報告書は「「会長は男性」という社会慣行を見直し、規約・業務の見直しや選出方法の検討など環境づくりが必要」だと指摘しているが、これは各地で見られる傾向ではないだろうか。

ちなみに、2018年に発表された文科省の地方教育費調査によると、教育委員会のトップである教育長の中で女性の割合は、都道府県で6・5パーセント、市町村では4・2パーセントに過ぎない。教育委員全体で見ると、都道府県、市町村のいずれも約4割が女性であるにもかかわらずだ。子どもや保護者と密接な関わりを持つPTAと教育委員会の構成員の多く、または半数は女性だが、トップは男性という地域は少なくないのだろう。

ジェンダー役割の押しつけと、役職者の男性への偏りについて、朝日新聞のアンケートから女性たちの声を拾ってみよう。

「会長だけ女性でも意味がない。ふだんの活動が男女半々になれば変わるかも」（奈良県・50代主婦）

「父親の参加が増えれば、女社会が薄まるから大歓迎。でも、男性が入るとやりにくいと言う人もいる」（東京都・40代主婦）

「やる気のある男性が入ってくると大変なことになるので、入ってきて欲しくありません。いいことをしているという気持ちは認めますが、そのために母親たちが犠牲にしなければならないことが見えていない。帰ったらご飯のできている人と、帰ってご飯を作る人との差である、と思います」（東京都・50代女性）

「PTAは母親の仕事で、母親は無理してやる義務があるが、父親に頼むのはイレギュラー」だと、なんとなく考えている女性たちも少なくない。女性の出席割合が多い役員決めでの経験を書いてくれた人もいた。

「役員決めのくじ引き。父子家庭は「仕方ないよね」と免除されるが、母子家庭は免除されない。夫を亡くしたばかりで収入の安定度や有休がないなど、こちらが免除されるべきではないかと泣きそうになった。やってみれば、委員から私的な面も支援を受け精神的にすごく助けられた」（東京都・40代女性）

女性PTA会員へのハラスメントも見過ごせない。

「校長や教頭の異動や定年退職があると役員は8千円から1万円の会費を集めてホテルでの謝恩会をした。半強制。懇親会ではチークタイムがあり、驚いたし気持ち悪かった」（大阪府・40代女性）

「地域」で開かれる宴席への参加やお酌を求められる、宴会でスリッパの整理などをさせられる、「PTAは地域の「嫁」と思われている」というお便りもあった。時間のやりくりをして、夕飯を作り置きして子どもを家に残し、ボランティアに駆り出されたあげくにハラスメントでは、本当にやっていられない。

男性の中には、「PTAは女性のやり方を知る機会」だと肯定的にとらえている人たちもいた。

「会長でした。自動車関連に勤める男性が多く、土日休みや、有休の取得が容易で（PTA）本部の半数は男性。初めは仕事や趣味の話で盛り上がりましたが、今では、通学路の危険な箇所に保護者をどう展開しようか、卒業式の服装が華美になりすぎているなど、学校の話題が中心に。家庭でも子供や妻と会話が増えたと喜んでいます」（愛知県・30代男性）

「昨年、初めて役員を経験しました。PTAにあるのは「女の文化」。情報の入手の仕方、合意形成の仕方、ネットワークのつくり方など、男とは全然違っていてとても新鮮でした。時間がかかって、一見、無駄が多いようにも見えますが、あのコミュニケーション能力はすごい。ほとんどの組織が「男の文化」に支配されている日本社会にあって、「女の文化」が息づいているPTAの存在価値は小さくないと思います」（神奈川県・50代男性）

「母親への非難は父親の100万倍」

育児だけでなく、PTA活動にも積極的に参加したいという父親たちは増えているように感じられるが、全国的に見ればPTA活動の負担は今も圧倒的に母親のほうに偏っている。それなのに、発言力も立場も弱い。

PTAとは別に、父親を中心に活動する「おやじの会」というものがある。全国に4000以上あると見られている。地域の人が誰でも参加できる緩やかな団体もあれば、行政主導でPTA組織の一部として位置づけられているところもある。おやじの会では、自然体験やバーベキュー、段ボールハウスでの学校お泊まり会などの活動がよく見られる。従来のPTA活動の中心を担う女性たちの中には、このおやじの会に冷ややかな見方をする人もいる。

「本来、自由参加であるべきPTAに、母親たちが協力を無理強いされてヒイヒイ言っているのに、男性だけで楽しんでいるように見える。そんな暇があればPTAに参加してほしい」（東京都・40代女性）

「なぜおやじの会だけ、自由で楽しそうなのかと思う」（札幌市・40代女性）

かつて取材した、あるおやじの会の連合会代表は、長く続けるひけつとして「やりたい人がやりたい時間に来ればいい。子どものため、地域のためと言い過ぎると、義務感が生まれ、恩着せがましくなる。気楽に」と話してくれた。

彼によると、「おやじの会」を楽しく続けるコツは、次の5点。

① 「子どものため」「地域のため」と気負わない
② 役員は代表を決める程度で
③ 会費を取らない（イベントで稼ぐ、助成金に応募する、参加者の実費負担、など）

④　規約を作らない
⑤　「メンバーが減って会がなくなっても仕方がない」と割り切る

しがらみも少なそうで、一般的なPTAとは、かなり違う。このやり方で単P（学校ごとのPTA）が運営されたらどれだけの人が救われ、自由な活動ができることだろう。

作家の川端裕人さんは、PTAの中での母親への圧力を、「母親への非難は父親の100万倍」と表現する。

小学校PTAで5年間、委員を務め、副会長も経験した。1年のうち400時間以上を費やしたけれど、活動の見直しや保護者のコミュニティづくりなどもうまく行かず、何もできなかった「負け組」だと振り返る。そんな川端さんはこう語った。

「PTAの業務は、女性が担うと想定されていて、参加しない母親は、参加しない父親の100万倍も非難される。それは男性の自分から見ても理不尽だ。女性自身が「役員決めをどう切り抜けるか」などPTAありきの土俵に入っていき、相互監視と自己規制の中で「これが当たり前」と甘受するようになるのは痛ましい」

男性については、「PTAでは、男性は女性に比べ、その相互監視から少しだけ自由。僕がうらやましいと思うような、小手先ではないPTA改革事例のリーダーも大抵、男性たちです。それは男性のほうが意思が強いからできたというわけではなく、単にＰＴＡに男性が参加することが想定外だっただけ。いわゆるイクメンたちも、素のままでＰＴＡに放り込まれたら、過剰適応してＰＴＡの論理に染まり、自己規制を始める人が多いと思う」と指摘してもいた。

卒業式のまんじゅうをもらえない？

「学校にお世話になっているので言いにくい」とか「子どもが人質、みたいなもので」という言い回しは取材中によく耳にする。ひとりでも発言できるという人でも、「親のせいで子どもがいじめられるのではないか」と思うと、発言は慎重になりがちだ（どんな理由であれ、子どもがいじめられるのはまったく正当化できないが）。ＰＴＡで発言して変わり者だと見られることで、子どもが友だちを作りにくくなるのではと心配する気持ちは、現在のＰＴＡのあり方を固定化させる方向に作用する。

実際、保護者ではなく、子どもが不利益を被るような状況をつくり出して、ＰＴＡ組織からの脱退をあきらめさせる仕組みがある。

例えば、小・中学校の卒業式で、卒業生にコサージュ（胸に付ける造花）や、卒業証書を入れる筒、まんじゅうなどが、ＰＴＡから配られるケースが多い。非会員の保護者の子どもにはそれらを配らず、「見せしめ」的な扱いにしたり、ＰＴＡからの退会を希望する会員に対して、「もし非会員になれば、お宅のお子さんだけがコサージュやまんじゅうをもらえないことになりますよ」などと、退会しないよう説得する材料に使われたりすることがある。

ＰＴＡ活動は本来、会員だろうと非会員だろうと、すべての子どもを同等に扱うことを条件に学校での活動が認められていると考えるべきだが、「会員サービス」だと勘違いされているために、こうしたことが起こる。こうしたなか、「不公平だ」と批判されないよう、非会員から実費を受け取り、非会員の子どもにも配るという妥協策をとっているところもある。

小学校によっては、近隣の子どもたちがグループを作って登校する「登校班」という仕組みを持っているところがある。横断歩道の安全のための旗振りなど、登校時の見守りをＰＴＡが担当していたりして、ＰＴＡと登校班がひもづけられている場合、「親がＰＴＡの非会員になると、子どもさんは登校班で一緒に登校できませんよ」と言われるケースが全国で起きている。

とまどう外国人保護者

同じ学校に子どもを通わせる保護者の組織は、日本に限らずいろいろな国にあるが、全員参加が前提でＰＴＡの係決めをしたり、一人一役やポイント制などを導入したりしているところはまずない。

しかも日本のＰＴＡには、規約にもどこにも書かれていないルールが多い。ところが、ＰＴＡは建前上、学校とは別組織なので、学校や教育委員会から公的な説明が詳しくなされることもない。いきおいＰＴＡにまつわることは、主に口コミやネットで得ることになる。例えば「高学年で卒業イベントの担当になると大変なので、1、2年の低学年のうちに、仲良しの友だち同士で誘い合って役員になると、楽しくやり抜ける」といった情報を仕入れる。それだから、日本の小・中学校を卒業した日本人の親でも戸惑うことは多い。まして外国人保護者にとって、暗黙の了解で「そういうことになっている」という運営の仕方はハードルが高い。

日本の公立小学校に子どもが入学したフィリピン人の母親は、4月下旬に学級担任からかかってきた電話で、ＰＴＡの存在を知った。「あなたは、今年度の最初の保護者会を欠席しましたね。ＰＴＡは、ベルマーク委員になりました」

ＰＴＡ？　ベルマーク？　思い出してみると、自分が通ったフィリピンの学校にもＰＴＡはあったが、それは希望者が参加する活動だった。彼女は日本語での会話はできるが、読み書きのほうはまだ苦手で、学校からのお便りを全部は読めずＰＴＡのことは頭に入らなかった。ひとり親で二つの仕事をかけもちしながら子どもを育てていて、余裕はない。子どもの入学した学校の様子は知りたかったが、保護者会にいく時間も取れなかったほどだ。だからシンプルに、「ＰＴＡに入るのはやめたいです」と言った。すると担任は困った声で、「それはちょっと無理なんです」という。結局、ＰＴＡには入らなければならないし、学校に集まってベルマークを整理するというＰＴＡの仕事もしなければならないと聞かされて、頭を抱えた。ＰＴＡは学校とは別組織という建前があるため、学校には相談できなかった。

別の公立小に子どもが入学したある中国人の母親は、ＰＴＡの役員決めに戸惑った。最初の保護者会のあと、ＰＴＡの係を決めるためのジャンケン大会が「突然に」始まったという。何を決めようとしているのか分からないままジャンケンで負け続け、みんなが敬遠していた係になってしまった。彼女にとっての驚きは、普段あれほど忙しいはずの日本人の母親たちが、特に抵抗もなく次々と係を受け入れて決まっていくことだった。「私は仕事もあるし、その意義を理解できないＰＴＡに時間を取られることが苦痛。日本のお母さんたちは、なぜ文句を言わないの?」

日本の学校にも今は、少なくない数の外国人保護者がいる。２０２０年3月のコロナ禍による一斉休校では、学校からのお知らせが理解できず、子どもを登校させてしまった家庭もあった。学校やＰＴＡ便りで、誰でも理解しやすい「やさしい日本語」を併記するところも増えてきている。しかし、それだけでは十分ではないだろう。ＰＴＡは自分たちの活動がなぜ必要なのか、なぜ参加してほしいのかを、外国人保護者にもしっかり説明し、納得してもらう必要があるだろう。もし、納得できるような説明ができないとしたら、それは外国人保護者だけでなくすべての保護者たちに、「ずっとこれでやってきたから」と押しつけてきた運営のあり方を見直すよいチャンスかもしれない。

「会員はどんなに働かせてもタダ」？

「区からＰＴＡに謝礼金が払われていることが、会員に知らされていませんでした」と気持ちがおさまらないのは、東京都内に住む小学校ＰＴＡの元会員（51）だ。放課後や週末に校庭を開放する際、子どもたちの見守りのためにＰＴＡから当番を出していた。区からその当番に謝礼金が支払われていたことは、後になって知ったという。

「会員に謝礼金の存在すら知らせず、ＰＴＡに強制的に寄付させている形になっているのは問題です。私のＰＴＡは会計には特に厳しく、学校での打ち合わせで飲むお茶をいれるための水さえ持参するように言われていたのに、裏切られた気持ちです」。この女性は、クラス委員を4回務めた。登下校時のあいさつ運動やパトロール、行事の受付に来賓の接待もした。学校が研究発表会を開いたときは、他校の先生のために駅で案内板を掲げたりもした。

「こんなに義務の多い組織に会費を払って入るのは、子どもたちのためだと思うから。「会員はどんなに働かせてもタダ」という考え方は、こうした気持ちを利用しているのでは」とモヤモヤする。

PTAを「社会教育団体」として位置づけて、積極的に「成人教育＝保護者の教育」を行っているところもある。PTA会費からそのための予算を割いて、研修会や講演会を主催する。豊かな家庭生活を整える技術を身に着けさせようと、料理教室や手芸教室などを開く。この手の催しに駆り出されたある保護者は、こう憤る。

「市のPTAの展覧会に出品しなければならないからと、頭を下げて仕事を休んで、フラワーアレンジメント教室に義務で参加せざるを得ない状況はおかしいと思う」（埼玉県・30代女性）

「社会科見学」という名のもとで、企業の工場や生産地の見学にバスで出かけ、ついでにアウトレットで買い物やランチをしたりすることもある。PTA会費から補助金が出ている場合、参加した人だけが恩恵を受けているという批判が出ることもある。

それだけではない。PTAに参加する保護者は、子どもや低年齢のきょうだいがいても、イベントへの参加や、通学路の旗振り当番に駆り出されたりする。しかし、小さな子どもも連れで参加することは想定されていなかったり、認められていない場合が少なくない。

「委員を5年経験しました。慣れてきましたが、それでも三役に当たってしまうと、かなり自分の生活を犠牲にしての活動となりました。子どものためにやることですが、子どもを留守番させての夜間の活動、子どもの話を聞く暇さえない持ち帰り作業。本末転倒ではないかと、常々感じました」（福岡県・40代女性）

あまり目立たないが広く行われているのが、教育委員会やPTA連合会などが主催する子育て・教育講演会への参加要請だ。その中で最も規模が大きいのはPTAの全国大会だが、関東や九州などを単位とするブロック大会もある。そのいずれもが、保護者、特に母親が時間をやりくりして手伝うのは当然という考えを前提にしているようだ。イベントにしても、運営を手伝わせたり、聴衆として会員を動員したりできるという前提で開かれるケースが見られる。

こうしたなかで母親たちは、同調圧力に疲弊しながらも、PTA活動に意味を見いだそうと努力している。そのことは有馬明恵（東京女子大学）と下島裕美（杏林大学）の論考「意識調査にみるPTAと母親」（『心理学ワールド』日本心理学会、2018年10月号）でも浮き彫りにされている。

この論考は、「個々の事情やPTA活動に対する思い、得手不得手等にかかわらず、PTAは「母親」という全員に共通する役割に期待されていることを果たすべき場といえる。規範から逸脱することは由々しき事であるため、同調圧力でお互いを縛り合う。そうした圧力に母親たちは辟易しているのであろう。しかし、母親たちはＰＴＡを無意味であるとは思わない。活動内容を厳選し、効率的な運営により子どもたちの成長に寄与したいと考えているのである」と総括する。

3　ＰＴＡを「変える」ことの難しさ

さまざまな思いを持つ保護者が集まるＰＴＡでは、それまでのやり方を変えるのは難しい。たとえそれが負担の大きな本部役員を引き受けた人でも、だ。そんなケースを二つほど紹介したい。

本部役員をへて非会員へ

まず一つ目のケースは、40代の母親であり、元小学校教師の会社員の経験だ。

彼女は「ＰＴＡに文句を言うだけでは無責任だ、どうせなら変えてみよう」と、本部役員に手を挙げたが、子どもが通う小学校のＰＴＡ本部に飛び込んで見えてきたのは、「ＰＴＡ経験の年数が大きいほうが偉い」という独特の力関係だった。

ＰＴＡ会長をはじめ、執行部役員の中にはＰＴＡ改革に前向きな人もいた。毎週末、集まって議論しながら改革案を作った。

・ＰＴＡの入会は任意だということを周知し、入退会が自由にできるようにする
・ＰＴＡ会費を、給食費（＝学校会計）との合算引き落としではなく、現金で集金する
・役員数を減らし、役員をする回数も、児童単位ではなく世帯単位にする

などだった。ところが、「誰の許可を得て、こんなこと決めてるんだ」と、保護者のあいだから批判の声が上がった。予想外だった。「入退会を周知したら、退会者が出てＰＴＡがつぶれる」「退会者にはＰＴＡの行事に参加させない」「ＰＴＡからのプレゼントを（子どもに）あげない」。そんな反応だけでなく、これまで役員を経験した保護者からは「来年から楽になるなんてずるい。私たちがバカをみるみたい」とはっきり言われた。

「ＰＴＡは伏魔殿、絶対に関わってはいけない」と、小学校で教師をしていたときに言われていたのに、役員をやったのは、「ＰＴＡの運営をしないでＰＴＡを批判できない。役員をやらずに文句だけ言うのは無責任だ」と思っていたからだ。

小学校の教師をしていたからこそ、学校や保護者の立場も分かるという自負があった。

ＰＴＡは学校組織の一部ではなく、あくまでも外部の協力団体。ＰＴＡがなければ運動会も成り立たないと持ち上げられるけれど、そんなことはない。片付けや自転車整理などはそのつど協力を呼びかければいい。慣れない保護者が運動会の白線を引いてくれたのはいいが

使い物にならず、夜中に教員で引きなおしたこともある。それでも「ＰＴＡのおかげです」と、感謝の言葉を忘れずに。

彼女は、ＰＴＡの役員たちに聞いたことがある。「このままのシステムだと、自分は退会すると思う人いますか？」と。すると、半数以上が退会すると答えたという。それなのに、以前と同じやり方を引き継いでいるのだ。そのとき、集団心理を利用して親をこきつかうのだと感じたという。役員をして1年もたたないうちに、彼女は「ＶＳブラックＰＴＡ」というツイッター・アカウントでつぶやき始め、開設したブログでこうつづった。

「ＰＴＡ活動は「子供のため」ではなく「学校管理職の負担軽減のため」であり、ＰＴＡという集団の中では保護者は、地域の噂や人間関係という鎖で繋がれているためＮＯと言えないことを知っているからです。そして、保護者も強制加入させられている苦しみから「私達がこんな苦しい思いをしているのに、逃げるなんてズルい！」というねじ曲がった嫉妬で互いの足を引っ張りあう恐ろしい状況が続いているのです」

ＰＴＡの改革を志した1年足らずの中で、目を疑いたくなるような光景を何度も見た。個人的に話すとＰＴＡの不満を言っているのに、「批判されるのが怖い。どこかから文句を言われるのでは」と、表立っては意見を言わない人たち。直前まで改革案に賛成していたはずが、総会で反対派の勢いに圧倒されて「反対」で起立してしまった人……。

結局、数カ月をかけた改革案は、ＰＴＡ会費を学校徴収金の口座から切り離すということだけが実現し、入退会自由の周知と、役員負担の削減案は否決された。

彼女を一番がっかりさせたのは、約半数の世帯が委任状を提出——つまり意思表示をせず、棄権したことだった。

ブログを始めた理由は、まったく無駄になってしまった1年間の記録を残しておきたかったのと、改革には失敗したけれど、これが誰かの役に立てたらいいなという気持ちからだった。幻の改革案も公開した。日本のどこかで、ＰＴＡ問題に取り組んでいる誰か、そしてＰＴＡ問題をやり過ごそうとしている誰かに届くかもしれないと思いながら。

そして彼女は最後にもう一つだけやったことがある。ＰＴＡを退会したのだ。本部役員を一度務めれば、たいていの小学校ではそれ以上、ＰＴＡの役員をしなくてもいい。今さら非会員にならなくても、あとは気楽なはずだが、「かげで文句を言いながら、それでもその組織にいるということが、結果的にはその組織を支えてしまうことになる」。ＰＴＡを退会するのは可能だということ、退会してもいじめられないこと、学校生活に不都合はないことを示したかったという。

ＰＴＡの取材を通じて、私は彼女以外にも、会長などの本部役員を経験したあとで非会員になることを選んだ何人かの人と出会っている。「もう十分、地域に貢献したと思うから」

「会長を経験したことでＰＴＡの問題が見えてしまったから」「改革を進めて燃え尽きた」など、理由はさまざまだった。

札苗小のＰＴＡ改革

もう一つのケースは、ＰＴＡを変える議論に1年あまりをかけ、議論や議事録を現在進行形で公開しながらＰＴＡ改革を進めたという、札幌市立札苗(さつなえ)小学校のＰＴＡの事例だ。朝日新聞紙面でも２０１２年から翌年にかけて紹介した。この改革では、活動を支えてきたすべての委員会を廃止し、自由に入退会でき、仕事を割り当てずに活動ごとにボランティアを募る組織に変えた。

手探りの改革を進めた当時の会長の上田隆樹(たかき)さんが、いまどのようにＰＴＡを見ているのか、この10年を振り返ってもらった。

シングルファーザーの上田さんが、保育園や小学校でのＰＴＡの役員経験を買われてＰＴＡ会長になったのは、２０１１年4月のことだった。その年の夏、上田さんは「ＰＴＡは入退会自由」の原則を知る。ネットなどで情報収集をするうち、ＰＴＡは原則、入退会の自由な任意団体だと分かった。「子どもが減っているのに、今までと同じ役員数で同じ量の行事をこなすのは難しい。活動のスリム化が必要」とも考え始めた。

その年の10月、「入退会自由」の原則を会員に周知したいと、上田さんが当時の校長に相談、快諾を得る。翌月には会長がＰＴＡの役員会で「入退会自由」の周知を提案したところ、役員も事務局担当の教員も猛反対した。「知らせたら会員も予算も減る」「今でも役員のなり手がいないのに、無理」との意見が相次いだが、議論するうちに賛同者が増えていったという。

翌２０１２年1月、臨時総会を開いて規約を変更し、入退会自由をうたおうと考えたが、役員らから「もっと議論の時間を作ったほうがいい」との声が上がった。年度内の規約変更を断念して、1年間を議論にあてることを提案し、役員会で承認される。

2月には、ホームページ「原点から考えなおすＰＴＡ」を開設し、ＰＴＡをめぐる議論の過程を記録・発信していった。すると、全国のＰＴＡ関係者からメールが届いたという。

4月の総会で、「原点から考えなおすＰＴＡ検討委員会」の設立が承認され、7月にはＰＴＡ会員を対象にアンケートを実施した。その結果、ＰＴＡは任意加入だと知らない保護者が7割以上いることが分かった。役員と教員、公募に応じた保護者の計11人からなる検討委が動き始めた。検討委を計7回開き、アンケートのコメント欄に書かれた要望などをもとに議論したという。

２０１３年2月、猛吹雪のなか、札苗小の教室でＰＴＡの臨時総会を開く。

①規約に「保護者あるいは教師は、自分の意思にていつでも自由に退会できる」と盛り込む、②役員会を残して、交通安全の見守りや広報誌作りなどをしてきた五つの専門委員会はすべて廃止する、など役員会が提案したすべての議案が賛成多数で承認された――。

「入退会を自由にすれば、みんなが納得して参加できると考えていたけれど、そう簡単ではなかったです。全員参加を前提にした組織そのものの改革が必要だった。役員サポーターが集まるか、行事をうまく進められるか、不安もあった」と話していた上田さんだったが、新年度が始まってみると、保護者の多くがPTAの新規約の趣旨に賛同してくれ、その参加率は9割を超えたという。PTA活動の中で不要なものは減らし、会費も引き下げた。上田さんは今度は、娘が進学した中学校のPTAでの規約改正で、任意加入を明記することに一役かった。

札苗小学校では2021年現在でも、PTAの加入率は9割を超えているという。改革を担ったPTA会長や校長などがいなくなったら全員加入のPTAに戻ってしまったという例もあるなかで、上田さんは「議論をていねいに、1年以上の時間をかけたのがよかった。きちんとした議事録も残して、どういう議論を経て変えたのかが誰でも見られる。「あの会長がひとりでやったことだ」と言われないですんだ」という。

改革の成功事例といえるが、「ここまでやったけれど、一つのPTAが変わっただけでは、何も変わらなかったですね」と上田さんは振り返る。「自由に参加できるＰＴＡ」を打ち出したとき、上部団体である市Ｐ協から脱退することはしなかった。市Ｐが主催する子どもの行事に、子どもたちが参加できなくなるのはかわいそうだと思ったからだ。「10年たってみると、結局、上部団体は今でも「入退会は自由だけれど……入るのは当たり前。子どもたちのために全員参加が理想です」っていう認識のままなんじゃないかなと感じます」

札苗小のＰＴＡ改革の事例は、地元のテレビ局でも取り上げられ、他校のＰＴＡなどから問い合わせが相次いだ。その後、上田さんのツイッターなどに寄せられた、ＰＴＡに関する相談や問い合わせは１００件を超えるという。「自分が答えることで何かの役に立てれば」という上田さんだが、ＳＮＳで見かけるＰＴＡに関する悩みや、指摘されている問題点が、10年前とほとんど変わっていないことにはひっかかる。

「「入退会自由」にしたって、それで終わりじゃない。運営も上部団体もどこまで変わるか。入退会自由のそこから先、が問題なんですよ」

アンケートに見る保護者の本音

朝日新聞はオンラインでＰＴＡに関するアンケートを２０１５年に実施、２１０４の回答が集まった（募集期間は２０１５年４月23日〜５月７日）。回答者のうち女性は68パーセント、男性は32パーセントだった。回答の半数以上が40代で、50代、30代と合わせると全回答者の9割を占め、この年齢層がＰＴＡに関心を持っていることが分かる。ＰＴＡ役員・元役員という人が半数以上。現在、あるいは元ＰＴＡ会員の回答が多かったが、教員・元教員の回答数も92あった。「ＰＴＡのイメージは？」との問いに対して、親の3分の2以上が、ＰＴＡは「面倒くさい・負担が大きい」と思っており、その活動を減らすべきだと回答した（図1）。

図1　PTAのイメージは？（複数回答可）

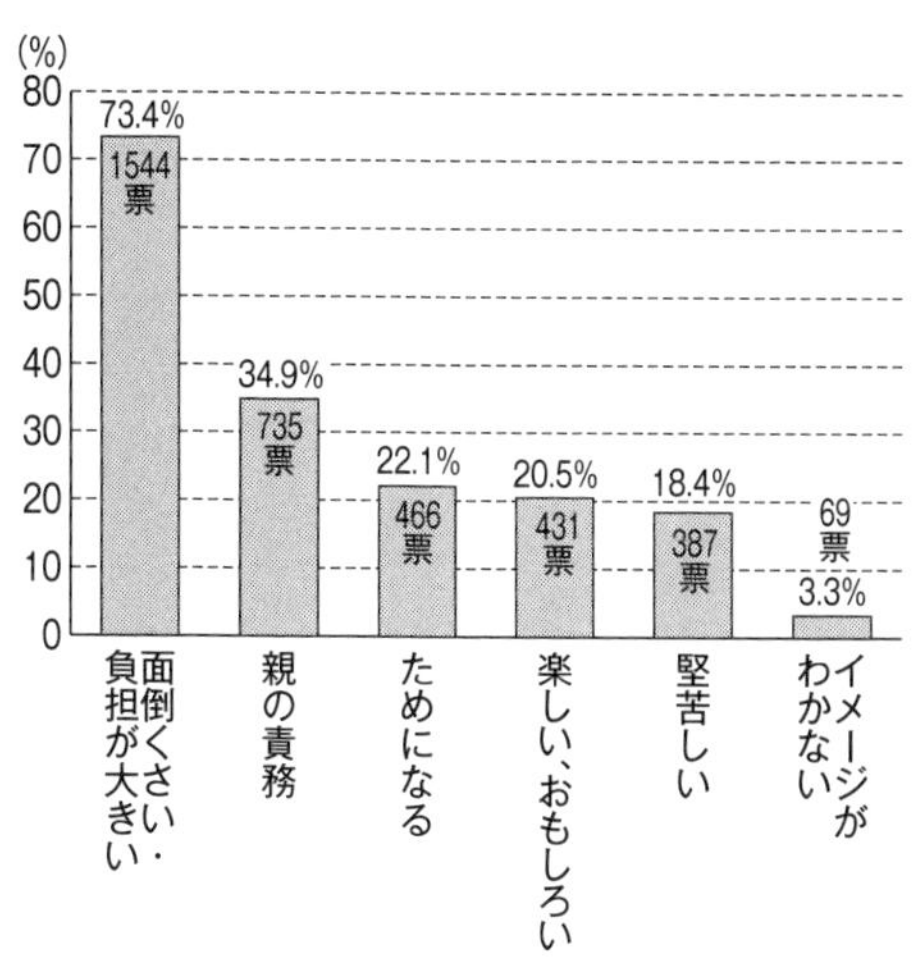

注：棒グラフに示したパーセンテージは全回答数に対する割合

「ＰＴＡに期待するものは？」との問いについては、回答者の約半数が「子どもの教育環境の向上」を挙げ、約4割が「親同士のネットワーク作り」に期待を寄せる一方で、約2割は「ＰＴＡに期待するものは特になし」と答えている（図2）。

そして、「ＰＴＡに改善してほしいところ」として、約7割が「活動内容の簡素化」を挙げ、次いで多かったのが、「役員・係の決め方」だった（図3）。この二点は、現在の多くの単Ｐで、改革すべき重

図2　PTAに期待するものは？（複数回答可）

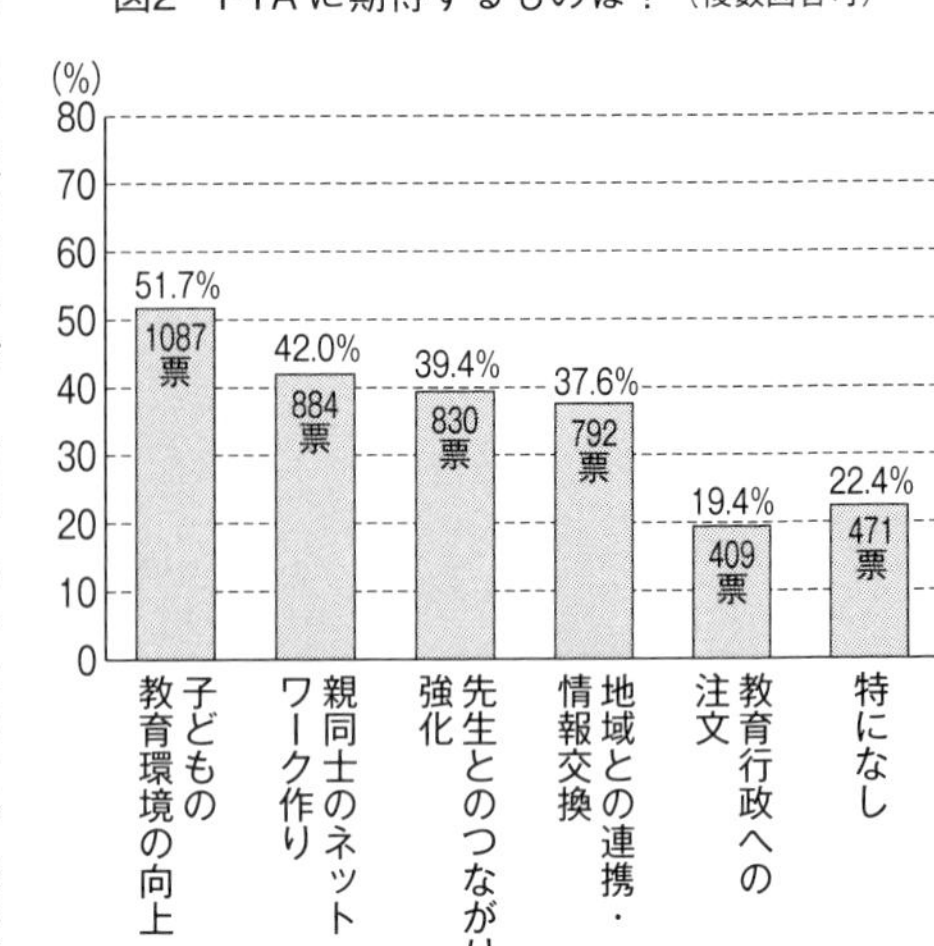

注：棒グラフに示したパーセンデージは全回答数に対する割合

要な課題となっている。

2回目のアンケートは「PTAは必要？不要？」というタイトルのもと、2015年5月8日〜19日に行い、968の回答があった。「絶対必要」「必要」「あってもよい」「どちらでもない」「なくてもよい」「不要」「絶対不要」の中から一つを選んでもらい、コメントも付けてもらった。「絶対不要」「不要」「なくてもよい」が半数以上を占めた。興味深いのは、全体に占める男性の割合が3割であったのに、「絶対必要」と回答した72のうち、7割が男性だったことだ（男性53、女性19）。男性のうち4割近くが「絶対必要」「必要」を選んでおり、その多くが役員経験者だった。

中には次のような意見もあった。

「学校や教師を支援し、親睦の為に必要であるから今迄続けられてきた事を軽んじるな。役

図3　PTAに改善してほしいところは？（複数回答可）

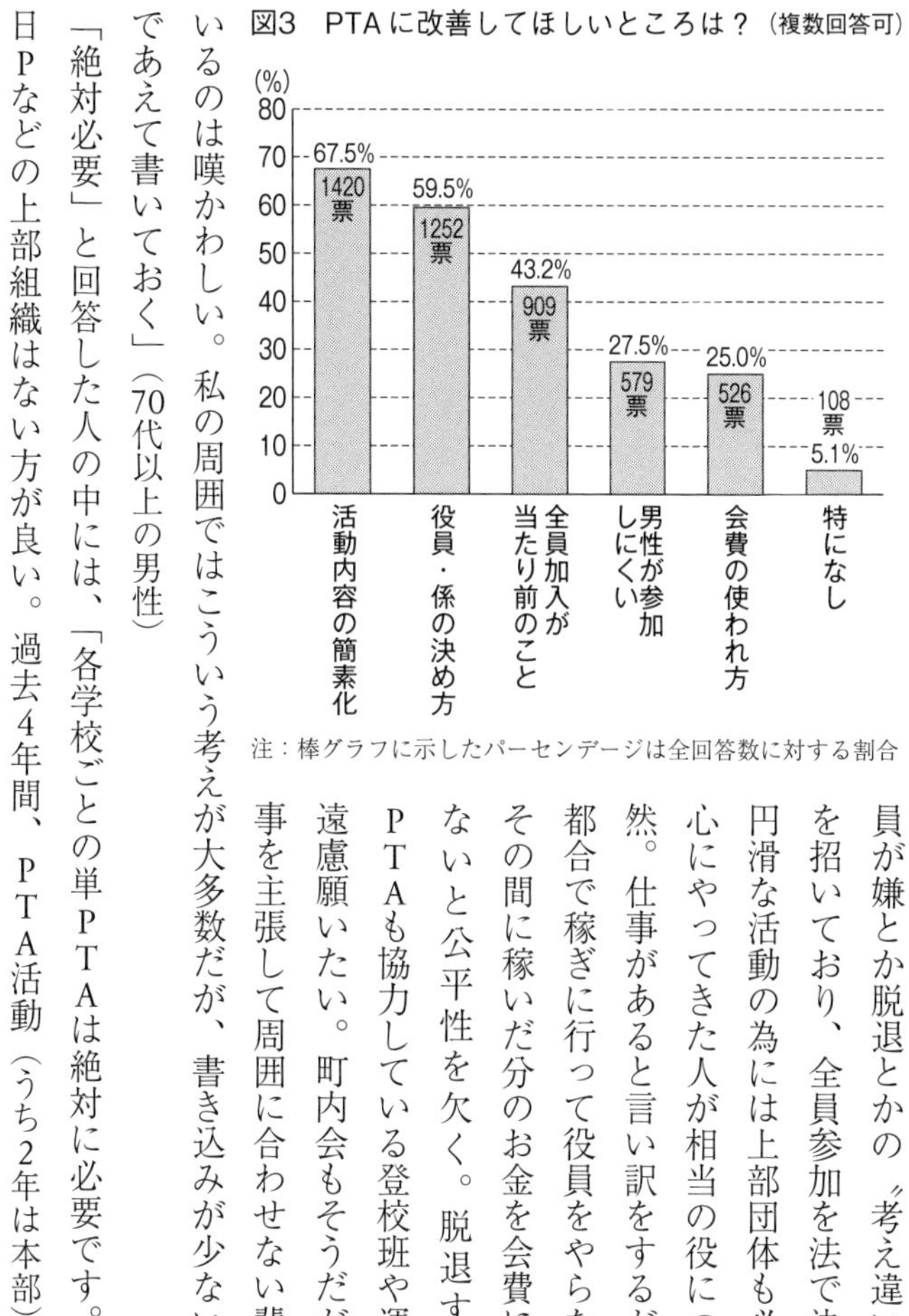

注：棒グラフに示したパーセンテージは全回答数に対する割合

員が嫌とか脱退とかの〝考え違い〟が混乱を招いており、全員参加を法で決めるべき。円滑な活動の為には上部団体も必要で、熱心にやってきた人が相当の役につくのは当然。仕事があると言い訳をするが、自分の都合で稼ぎに行って役員をやらないのなら、その間に稼いだ分のお金を会費に上乗せしないと公平性を欠く。脱退するなら、PTAも協力している登校班や運動会等は遠慮願いたい。町内会もそうだが、自分の事を主張して周囲に合わせない輩が増えているのは嘆かわしい。私の周囲ではこういう考えが大多数だが、書き込みが少ないようなのであえて書いておく」（70代以上の男性）

「絶対必要」と回答した人の中には、「各学校ごとの単PTAは絶対に必要です。ただし、日Pなどの上部組織はない方が良い。過去4年間、PTA活動（うち2年は本部）してきた経験から、単PTAはスムーズな学校運営に必要不可欠だと感じました。PTAの助力がなくては、先生方が子ども達を指導するにあたり、余裕がなくなります。また、近隣の学校のＰＴＡと情報の共有をしたり、連携して活動することは意義のあることだと思います。各単Ｐごとに不要な夜の会合や、不要な委員会を廃止してスリム化し、活動しやすい形態にしたうえで継続していくべきです」とコメントした40代女性もいた。

一筋縄ではいかないＰＴＡ問題

アンケートにはすべての都道府県から回答があったが、そこに寄せられたコメントにはさまざまな体験や意見が書かれていた。働く親にとって参加が難しい平日の活動のこと、ジェンダー役割に差があること、「強制加入」、くじ引きによる役員決め、会費の不明瞭な使われ方などに関心を持つ人が多いことが分かった。

「ＰＴＡは入退会自由」という原則が、今ではかなり知られるようになってきたことで、「強制されるべきではないのに入会を強いられた」「文句を言うなら退会すればいい」といった、新たな悩みや摩擦が生まれてもいるようだ。

多くのＰＴＡ役員・元役員も、行事などへの動員にかかわる悩み、会費の「上納」、ＰＴＡと地元議員や選挙との関わりなどについて、貴重な声を寄せてくれた。ＰＴＡ問題は、「専業主婦 vs.働く母親」「参加する母親 vs.無関心な父親」あるいは「役員と一般の会員」というシンプルな対立構造でないことは明らかだ。また、ＰＴＡが嫌ならやめればよい、というものでもないということは、第3章と第4章で改めて説明したい。

「やってよかった。ＰＴＡ経験は私の人生の宝物」という声がある一方で、「うんざりです。全部廃止してほしい」という声があった。このような相反する内容のコメントを読むと、「ＰＴＡ問題とは○×だ」と単純にはまとめられないと痛感する。

紹介しきれなかったものも含め、すべての回答は、朝日新聞のオンラインで、２０２１年7月現在も無料で読める。ＰＴＡ問題について当事者の声を聞いてみたいという方はぜひ一度、これらの声に目を向けてほしい。時間も地域も超えて、ＰＴＡをめぐって同じようなモヤモヤを抱えている人がいることを実感してもらえると思う。

〔どうする？ＰＴＡ〕 https://www.asahi.com/opinion/forum/003/
〔ＰＴＡは必要？不要？〕 https://www.asahi.com/opinion/forum/004/

第2章 これだけは知っておきたいＰＴＡ

1　ＰＴＡの仕組みの基本

学齢期の子どもがいなくても、たいていの人は「ＰＴＡ」という単語にはなじみがあるだろう。小さいころに母親がＰＴＡをやっていた記憶がある、という人も多いだろう。通学路で黄色い旗を振ってもらったことがあるかもしれない。でも、たとえ現在ＰＴＡ会員だったとしても、実はよく分かっていないことがある。自分が所属するＰＴＡ以外の、別の地域のＰＴＡ活動についてはなおさらだ。

だからこの章では、ＰＴＡという組織がどのような仕組みを持ち、どう運営されているのか、またどれほど多様であるのか、基本的なところを説明しておきたい。

学校単位の「小さなＰＴＡ」

ＰＴＡとは、学校などに通う子どもの保護者と教職員で作る団体だ。

たいていの学校にあるため、学校の組織の一部だと思われやすいが、そうではない。法律で設置が義務づけられているわけでもない。つまり、サークルや同好会などと同じく、あってもいいし、なくてもよい組織だ。そして、保護者たちはそこに入ってもいいし、入らなくてもいい。文科省の中では、ボーイスカウトなどと同じ「社会教育団体」という扱いだ。

ＰＴＡについて話をするという場合、私たちにとって身近なこの「小さなＰＴＡ」を指すことが多い。学校単位で「〇〇小学校ＰＴＡ」などの名称を持ち、単位ＰＴＡ（単Ｐ〈たんピー〉）とも呼ばれる。

ＰＴＡのルーツをたどると、１８８０年代にその前身組織がアメリカで生まれていて、parents and teachers' association（親と先生の会）という名称だった。ＰＴＡはその略称だ。子どもの福祉や教育環境の整備、そして成人教育の推進などを活動の目的としていた。

日本のＰＴＡの組織がどのようになっているのか、見てみよう。単Ｐでの主な委員は次のようなものだ。

・クラスごとに選出される「学級委員」
・学校での行事や教員の紹介記事などを載せたＰＴＡ新聞などを発行する「広報委員会」
・教育講演会や社会見学などを企画する「成人教育委員会」
・通学路の危険個所チェックやパトロールなど、学校外での活動が主となる「校外委員会」
・校医の話を聞いたりする「保健委員会」

PTA組織の例

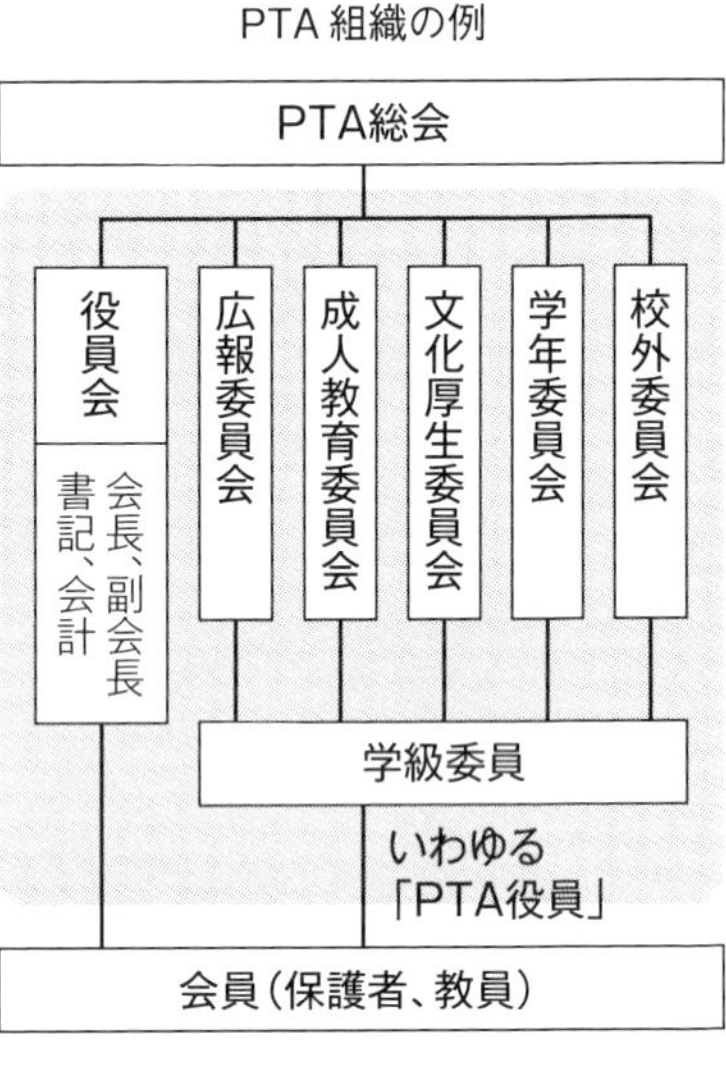

・次年度の本部役員を決めるときに活動する「役員選考委員会」

このそれぞれに委員長を置くこともある。どのような活動をするのか等を決めるのは、たいていの場合、年に一回開かれる「総会」だ。それぞれの単Pには役員会／PTA本部があり、会長、副会長、書記、会計の役員から構成される。組織のかたちや名称、委員会の数、仕事の内容、「地域」との関係のあり方は、PTAによって違いがあり、かなりバラエティーがある（図参照）。

お金から見たPTA

次にお金の面から、PTAを見てみよう。

PTAは主に、会員から徴集する会費と、バザーやイベントなどで得た収益金で運営される。会費の額としては、年間1000円以下～1万円以上と、こちらもかなり幅がある。

２０１８年の文科省の「子どもの学習費調査」によると、ＰＴＡ会費は年間、公立幼稚園で４９６２円、私立幼稚園で６８８５円、公立小学校で３０５８円、私立小学校で１万１４８５円、公立中学校で３８６３円、私立中学校で１万３２９０円、公立高校で６９８９円、私立高校で１万１３６０円となっている（調査は標本調査で、得られた回答をもとに全国の1人当たり年間平均額を推計）。

例えば、年間２０００円の会費を、８００万世帯（＝日Ｐの公称会員数。日Ｐ傘下にある公立小・中学校に通う児童・生徒数が想定されているが、きょうだいがいる家庭もあるため正確な数字ではない）が支払うとすると、毎年１６０億円ものお金が集まってくる計算になる。

会費の集め方も、特に統一されているわけではない。世帯ごとだったり、在籍している子どもの人数分だったりする。2人目以降の会費を安くしたり、生活保護家庭などの会費を「免除」したりするＰＴＡもある。ＰＴＡは任意団体であるため、例えば「〇〇小学校ＰＴＡ」という名義では銀行口座を開くことができない。そのため、学校の事務局長やＰＴＡ会長などの個人名で口座をつくることもある。これが、使途不明金の温床となることがある。

ＰＴＡの独自ルール

それぞれのＰＴＡの運営は、ＰＴＡ規約や会則に従って行われる。

ＰＴＡの改革を実現させるには、この会則を改定する必要がある。先ほども述べたように、ＰＴＡの設置を義務づける直接的な法律はない。

同じ学校に通う子どもたちとその保護者を活動対象としているにもかかわらず、建前上は学校とは別団体のため、ＰＴＡでいじめや会費の不正使用などの問題があっても、訴える先がない。教育委員会や文科省も直接、指導・監督することはできない。参加が法的に義務づけられていない「任意団体」なのに、実質的には全員が半強制的に加入することが前提となっていることが多い。登校班や子ども会、町内会などとひもづけられている場合、ＰＴＡに入ると、それらにも自動的に参加するものと見なされ、会費や旗振り当番などの義務が生じるところもある。

組織のかたちや名称、運営方法だけでなく、行事やイベント、動員される圧の強さも負担の度合いも、ＰＴＡによってかなり違う。それは「地域によるお正月のお雑煮の違い」ぐらいに違うと言ってもいい。自分のＰＴＡ経験だけで、ＰＴＡ問題全般を語るのが難しいのはそういう事情があるからだ。

「ウチの小学校の場合、父親は会長のみ、他の役員は母親と決まっている。総会などに出席の時、ブラックか紺のスーツを着用する義務がある」（東京都・40代女性）というルールに驚く人もいれば、「うちも」という人もいるだろう。

ＰＴＡにおける独自ルールには、次のようなものもあった。

「ＰＴＡ関係で手紙を書くときには、銀座の老舗文具店の便箋を使わなければいけない」

「ＰＴＡの役員になれば、運動会で子どもの写真を撮るために朝早くから「場所取り」をしなくても、正面の席で見られる」

「（住民に在日外国人の方が多い地区の学校で）会長になれるのは日本人のみ」

繰り返しになるが、ＰＴＡは入るのもやめるのも自由な「任意団体」だ。でも、学校活動との境目があいまいだったり、安全パトロールなど地域活動と一体化していたりして、子どもを通わせる保護者は入会を拒みにくいのが現実だ。

役員決めは毎年の懸案事項で、「くじ引き」「じゃんけん」「在校中のポイント制度」「一人一役」など「公平な負担」をうたうローカルルールを持つＰＴＡも多いが、どれも全員参加を前提としている点では変わらない。

以前と比べてＰＴＡ活動に積極的な父親も増え、父親がメインで集まる「おやじの会」などができたりしているが、ＰＴＡ活動に参加している大多数は、いまも母親だ。行政が主導する「社会を明るくする運動」や「交通安全運動」「青少年健全育成運動」などに駆り出されることもある。こうして、思わぬ時間を取られてしまう。行事などの見直しや組織のスリム化などの工夫もされているが、会員が毎年入れ替わって問題意識が継続しないことや、校長、そして会員「以外」でＰＴＡとつながりのある人たち――例えばＰＴＡのＯＢ・ＯＧ、同じＰＴＡ上部団体に加盟する他校のＰＴＡ、教育委員会、「地域」の顔役や自治会役員、議員など――が多数いることもあり、ＰＴＡで合意形成にこぎつけるには、さまざまな困難を伴う。そのため、変えるよりも前例踏襲になりがちだ。

「大きなＰＴＡ」の仕組み

この単Ｐが、市区や県などのまとまりごとに集まると、「大きなＰＴＡ」となる。例えば、市区レベルの「〇〇市ＰＴＡ連絡協議会」（市Ｐ）、「〇〇区ＰＴＡ連合会」（区Ｐ）、その上部団体である〇〇県ＰＴＡ連絡協議会（県Ｐ）などだ。これらの団体の頂点に立つのが、公益法人日本ＰＴＡ全国協議会（日Ｐ）だ（図参照）。

上部団体への参加も、単Ｐへの参加と同じく法的義務はない。あくまで任意だが、１００パーセント近い加盟率となっている県も珍しくない。そして、多くのＰＴＡは、保護者が払

PTAの組織図

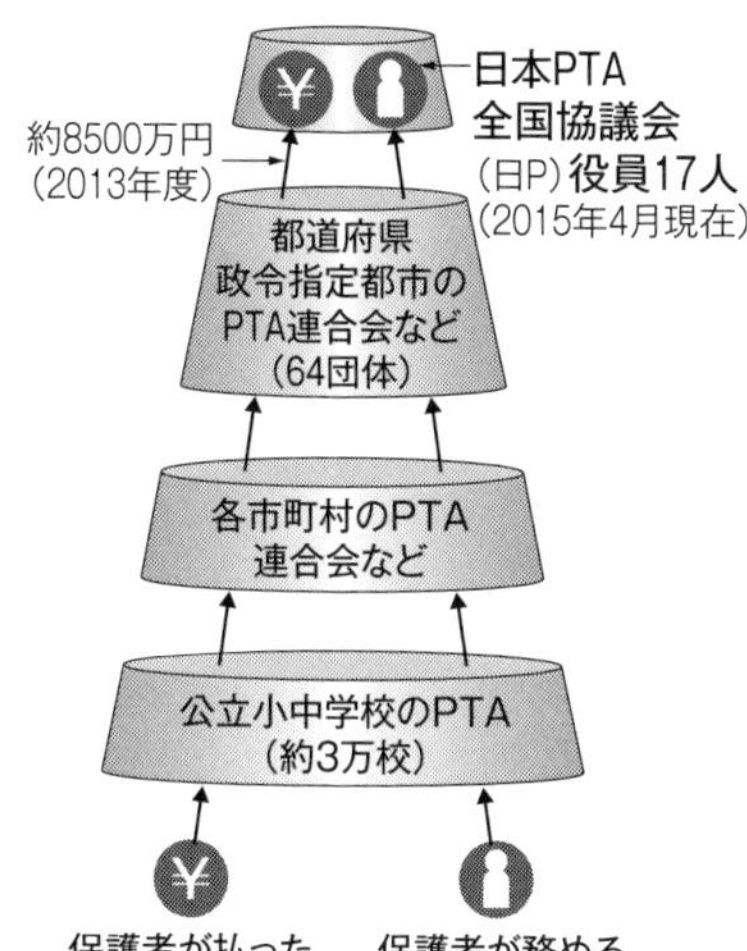

った会費の一部を上部団体に「上納」したり、ＰＴＡ大会や講演会に保護者らを動員したりしている。

この本ではおもに公立小・中学校のＰＴＡを取り上げるが、私立幼稚園、国立大付属学校、高校などにもそれぞれＰＴＡがあり、日Ｐのような上部組織もある。順に挙げると、全日本私立幼稚園ＰＴＡ連合会、全国国立大学附属学校ＰＴＡ連合会、全国高等学校ＰＴＡ連合会となっている。いずれも、「大きなＰＴＡ」と共通するような問題を抱えていて、組織構造も似ている。「大きなＰＴＡ」については第３章で詳しく書くので、そちらをご覧いただけたらと思う。

2　PTAはどのように始まったのか?

日本のＰＴＡは戦後、連合国軍総司令部（ＧＨＱ）が発足させたものだということは、

ＰＴＡに関心を持ったことのある人なら知っているだろう。じつは日本のＰＴＡは、ＰＴＡ発祥の地であるアメリカとは異なる方向へと「発展」してきた。以下ではそのプロセスを確認しておきたいと思う。

「小さなＰＴＡ」の誕生

日本で最初にＰＴＡができたときは、「小さなＰＴＡ」、つまり学校単位のＰＴＡしかなかった。ＧＨＱが設置を奨励し、義務ではなかったのにもかかわらず、１９５０年ごろまでに全国の小・中・高校の９割でＰＴＡが組織されたという。

日本ＰＴＡ創立50周年記念誌『新しい時代を拓く』（以下、『日Ｐ50年誌』と表記）に収録された、今野雅裕・政策研究大学院大教授の論文「日本ＰＴＡ50年の歩みと今後の展望」（以下、今野論文）をもとにその歴史を見ていきたい。

今野論文によると、アメリカは日本社会を「徹底して民主化」することを目的に、１９４５年の終戦後、いち早く教育専門家（米国教育使節団）を日本に派遣した。ＧＨＱは、「一般成人に対して民主主義の理念を啓蒙することが、新生日本の政治基盤形成上、あるいは占領政策の目的達成上不可欠の要件であるとして重要視し、そのための有効な方途としてＰＴＡの設立と普及を奨励する方針を掲げた」という（『日Ｐ50年誌』37頁）。

新しい日本国憲法のもとで教育勅語は廃止され、教育基本法が定められ、女性の参政権も認められた。戦前の軍国主義を解体し、教育の民主化を進めるには、子どもたちだけでなく、戦前の軍国主義を間接的であれ支えたであろう大人たち、戦後の新しい教育を受ける機会のない保護者たちにも、ＰＴＡを通して民主化について理解してもらう必要があると考えられたのだ。

こうして文部省内に「父母と先生の会委員会」が１９４６年に設置された。

この会は「「父母と先生の会」の健全なる発達を促進する方法を研究審議し、その運営活動に必要なる参考資料を作成する」（委員会規約1条）ことを目的に創設され、父母や教育者、学識経験者、文部省の職員から構成されていた。「父母と先生の会」というのはParents and Teachers Associationの直訳だが、現在のＰＴＡの別称と考えてもらっていい。実際、現在もこの名称を使っているところが複数ある。

１９４７年、父母と先生の会委員会が作成した、ＰＴＡを設立するための手引き書「父母と先生の会―教育民主化のために―」が、全国の都道府県知事宛てに文部事務次官名で送付されたが、そこではＰＴＡは、完全に民主的な団体であるとされ、会の運営を民主的に進めていくのがよい、とされていた（同、38頁）。

このタイミングで文部省が関係者へＰＴＡを設置するよう奨励したのは、翌47年4月から、

6・3・3制の、新しい学校制度に間に合わせようとしたからだと見られる。それもあってか、48年4月の段階でPTAを設置した小・中学校は、それぞれ7割近くになっていた。当時は、学校後援会や父母会など旧来の組織だけというところもあれば、その手の組織と新組織とが共存しているところもあったという（同、40頁）。

短期間でPTAが全国に広がったのは、こうした旧来の組織があったからこそだったと見られている。

「大きなPTA」の結成、文部省が推進

1950（昭和25）年に入ると、PTAの全国組織を結成させようと、文部省は積極的に指導するようになる。

この年の調査では、25の県で早くも連合体（現在の都道府県のPTA連合会、PTA協議会にあたる）が結成されていた。

でも、GHQの方針を具体化させようと動いていたCIE（民間情報教育局）のほうは、「いたずらに全国組織化を促進することは、かえってPTAの健全な発展を阻害する」（同、41頁）という理由で、PTAの全国組織をつくるのはまだ早いと考えていた（今野論文によれば、CIEのこの方針はPTAに限らず婦人会や青年団でも同様だったという！）。

ＰＴＡの全国連合組織を設立させたいと考えていた文部省に対し、ＣＩＥの担当官ジョン・ネルソンは講演で、「新しいＰＴＡは古い後援会とほとんど変わっていない。（略）行政が、どんなレベルにしろＰＴＡの連合体を後援することは避けなければならない。補助金も行政による統制もしてはならない（略）。ＰＴＡの目標に到達できず、民主的な手続きにも従っていないような満足のいかない地域のＰＴＡグループが連合しても、満足のいかない連合体にしかならないだろう」という旨、述べたという。[★1]

にもかかわらず、文部省はなぜ、全国組織の結成を急いだのだろう。

１９４８（昭和23）年に米国の対日占領政策が転換し、それまで推進されてきた民主化・非軍事化に逆行する動きが強まっていった。これを「逆コース」といい、50年に入ると、共産党が弾圧の対象となり、職場でのレッドパージが行われた。

そして、軍国主義者、国家主義者と見なされて公職から追放されていた人びとの、大幅な追放解除が１９４９年以降に進められ、51年には「教職追放の解除」によって、民主化のためには不適格とされて教職に就けていなかった教育関係者たちが学校現場に戻ってくること

★１――井上恵美子「占領軍資料にみる日本へのＰＴＡの導入過程」ＰＴＡ史研究会編『日本ＰＴＡ史（学術叢書）』日本図書センター、２００４年、77頁。

になった。

三輪定宣・千葉大学名誉教授は取材に応じ、「現場に軍国主義時代の教師や管理職が戻ってきた。同時に、草の根民主主義の砦になろうとしていたＰＴＡを統制しようと考えたのでは」と解説してくれた。

「日本型ＰＴＡ」の完成

このようにして「日本型ＰＴＡ」は出来上がった。そして、今日に至るＰＴＡのいくつかの問題の根はそこにある。

今野論文によれば、明治時代から続く後援会、父母会、父兄会、母の会、母婦会などは、教育の振興をうたってはいるものの、実質的には学校への物的援助（公費の補塡）が主な役割だった。

今野論文は、１９４８（昭和23）年の文部省調査報告から、後援会や父母会など「旧組織の発展的解消でＰＴＡ結成をすることだったが、結局は単に名称がＰＴＡに変わっただけで」、「真にＰＴＡであるものは極少なく、おおむね後援会的性格を払拭できないで、単なる看板のぬり替えに過ぎないものが多い」という文章を引いた上で、ＰＴＡの結成は、行政の指示によるものが最も多かったと指摘している。

それだけでなく、今野論文は「PTAは後援会として機能するとともに、学校への寄付集めに適した地域の有力者によるボス的支配の傾向が著しい団体として存することとなった」と、今のPTA問題にも通じる問題点に言及してもいる。そしてそれは、まさにCIEのネルソンが懸念していたことでもあったのだ。

PTAに関するさまざまな研究の中で、戦前・戦中の母親たちを統率した組織と、現在のPTAにはそのあり方に連続性があることを浮かび上がらせたのが、岩竹美加子氏の『PTAという国家装置』（青弓社）だ。

現在のPTAは、学校に財政援助をしていた「父兄会」や、学校と隣組を奉仕活動で支えた戦前の「母の会」、家庭教育の振興や修養、奉仕に活動の重点を置いていた「大日本婦人連合会」が持っていた性格を引き継いでいると、この本は指摘している。

岩竹氏はこの書で、1941年に刊行された久保田亀蔵の『国民学校母の会の実践』（以下、『母の会の実践』と表記）を引きながら、現在のPTAとの関連を考察している。それによれば、戦前の「母の会」の「経営実践」において中心となるのは「従順」で「すなほでしとやか」な人である。「親和協同を基」とする母の会は、「権力を競ったり、名誉を望んだりするのでないから、どこ迄もすなほでなければならぬ」という。

「事業団体でもなければ社交団体でもないから、権利を主張したり義務を負ふやうな性質のものではない。（略）どこ迄も子女の教育を中心として母自体の修養を主眼とするもの」が、母の会であった（同書、105頁）。

このように『母の会の実践』を紹介した上で、岩竹氏は次のように指摘している。

「母の会が、事業団体ではなく母自体の修養を目的とすることは繰り返し強調された。現在のPTAが他の地域組織に従属させられ、主催する事業を持たない理由はここに源流があるだろう」（同書、105〜106頁）

岩竹氏によれば、母の会とPTAの主たる共通点は、「奉仕と修養、協調、親睦を目的とすること、縦横の組織に組み入れられ、それらに従属することである」（同書、112頁）。

ヘルシンキ大学非常勤教授である岩竹氏が、この本で分析を行った対象は、地域に広がる「横の組織」でPTAとも関連のある町内会から「ベルマーク」まで多岐にわたる。PTA問題を切り口にして日本社会を深く考えたい人にもおすすめの、示唆に富む一冊だ。

「日本型PTA」では、学校単位で活動する単Pの上位に、区などのエリアごとにそのエリアの単Pを束ねる「区P」などがあり、「区P」の上位にある「県P」などに所属できるのは、「区P」などの連合体だけというピラミッド型組織となっている。

個人が上部団体に加入したり抜けたりすることはできないにもかかわらず、日Pは、傘下に収める単Pに所属する個人を、長らく「会員数」としてカウントしてきた。

児童・生徒数が最も多かった1980年代の日Pの会員は、公称で約1200万人いた。91年には、教育や学術、文化に関わる重要政策を審議して提言する中央教育審議会の委員に日P会長が加わることになった。現在（2021年）の会員数は公称約800万人。東京・赤坂に自前のPTA会館を持ち、億を超えるカネを動かす。かつてのGHQ関係者が、日本PTA全国協議会の現在の規模を知れば、さぞ驚くことだろう。

先生たちとPTAの関係

PTA活動については、「親と教師の会がPTAなのに、なぜ保護者の負担ばかりが多くて、教師（Teacher）はPTA活動で存在感がないのか」と、教員の不在を疑問視する保護者もいる。逆に教員からは、「職務ではない仕事が増えてしまう」「任意加入だというが、うちの学校は教員は全員参加です」という声が上がる。中にはPTA会費を払っている教員もいて、「なぜ教員も会費を（保護者と）同様に払わないといけないのか」と不満を漏らす。

戦後の民主主義の重要な担い手として期待された教員たちは、PTAを「民主化の砦」と見なし、さまざまな試みを行っていたという。スタート地点がそうだったのなら、どこで、道が分かれていったのだろうか。

1950年代、校長が教員を5段階で評価する「勤務評定」の導入をめぐって、文部省と日教組が激しく対立し、ストを含む教員による反対運動が全国で起きた。

その発端となった愛媛県では、1956年から翌57年にかけて、公選制から任命制に切り替わった教育委員会が校長を選任し、そうやって選ばれた校長が、ABCDEの5段階で教員を評価する勤務評定という仕組みが導入されることになった。これが、教員の分断と日教組の弱体化を招くとの懸念が高まり、「勤評闘争」と呼ばれる反対運動に発展した。この勤務評定という仕組みは、当時、日教組の〝御三家〟と呼ばれるほど組合活動が盛んだった愛媛教職員組合つぶしを狙って導入されたとされている。

翌年の1958年になると、勤務評定は各地で導入されていき、高知県や栃木県などをはじめとして全国で教員たちによる激しい反対運動が起きた。

愛媛県の勤務評定をめぐって、PTAはどのような態度を取っただろうか。県P連は勤務評定を支持したが、郡市町村のPTA連合、そして単Pの対応は、さまざまに分かれたようだ。「あの全国的に知られた愛媛県の勤務評定闘争において、もちろんPTA県連は勤務評定の提出を決定して、単位PTAに流したが、郡市町村からさらに単位PTAで、教師と話し合い手をつないでいた学校のPTAでは、教組に同調するか、中立的態度をとった」とい

う。★2

今野論文には、教員組合の「違法な」ストをきっかけに、一部の教員に対してPTAや日Pは距離を取らざるを得なかったこと、それをきっかけに、日Pとは立場の異なる親と教員の全国組織が作られたこと（「日本子どもを守る会」「母親と女教師の会」など）、そしてそれに対抗する目的で全日本教育父母会議が結成され、「日本の教育を親心で守る」のスローガンのもと、「日教組の過激な運動を批判し、「日本の教育について父母の願い」を実現する活動を行うとした」ことが紹介されている（47〜49頁）。

「日Pは常に文部省の側に立ち、反日教組の立場を貫いてきた、例えば栃木大会（1973年8月24〜25日開催：引用者注）における奥野（誠亮）文科相（当時）の日教組攻撃演説をはじめ、日P大会は体制側の日教組攻撃の場となっている。（中略）このような日Pの姿勢が、教師のPTA離れに拍車をかける一因となっていることは否定できない」と、高橋保・全国PTA問題研究会事務局長が「日Pの輪の中から飛びだそう（二）―私の日P解体論―」

★2――杉本音治郎「PTAぼうえい論――重松敬一氏のPTAぶちこわし論に反対する」『社会教育』（1958年3月号）より。この杉本論文によれば、引用した箇所は「〝勤務評定にかんするPTAの動向〟――愛媛県喜多教員組合報告パンフレットおよび〝勤務評定は提出したが〟――同周桑郡の現地報告、同県教委、周桑教組パンフレット」からの引用である。

懇談会で握手する阿部功・日本PTA全国協議会会長（右）と横山英一・日教組委員長［東京都千代田区一ツ橋の日本教育会館、1994年9月29日］　朝日新聞社提供

（『月刊社会教育』１９８3年2月号）で指摘している。このことからも、ＰＴＡの全国組織は、国側に立ったと見なされていたことが分かる。

そんな日Ｐと日教組だが、政治体制の変化によって、双方が歩み寄った時期があった。

１９９4年6月、自民党と社会党、新党さきがけの3党は連立政権の成立で合意し、社会党の村山富市委員長を首相とする村山政権が誕生する。

その3カ月後の9月、日Ｐと日教組との懇談会が初めて開かれ、１９９5年4月に実施が見込まれる月２回の学校週5日制度などについて意見交換した。

9月30日付「朝日新聞」朝刊に載った「日教組とＰＴＡ全国協議会が初の懇談」という記事には、「両者とも「懇談は友好的で、有意義だった」と評価。教職員のストや日の丸・君が代問題で激しく対立したこともあった両組織は、友好、協力関係に向けて一歩を踏み出した」と書かれている。

それに先立つ8月19日付「朝日新聞」夕刊の記事「ＰＴＡ全国協、日教組と来月懇談　戦後の結成以来初めて」では、「ここ三、四年は、両組織のトップが新聞で対談するなどの動きもあったが、文部省や校長会などと友好関係にある日Pと日教組の溝は依然深く、疎遠な関係が続いていた」なかで、「日教組の方針が現実主義的な方向に転換し、社会党が与党になるなど、組織を取り巻く環境が大きく変化」したことが、関係改善の背景にあると分析。その上で、この年に開かれる日Pの全国研究大会に出席するため、日教組が幹部二人を初めて派遣したことについて、「日教組の人が来るなんて、前代未聞の出来事だ。教育界でも五五年体制が崩壊しつつある」という日P幹部の言葉を紹介している。

その後、両者の関係にいつ、どのような変化があったのか追えていないが、日Pと日教組は現在、特段の友好・協力関係にあるようには見えない。

こうした歴史を振り返ると、保護者と教員は、子どものことを最もよく理解し、協力し合えるはずなのに、政治が両者を分断してしまったように見える。実際、日Pとともに活動する学校関係者は、教員の団体ではなく、教育委員会や管理職の校長会であることが今も多い。

PTAをめぐる保護者たちの動き

PTAをめぐる疑問の声や問題提起は、特にSNSが普及したことで、最近になって話題になったことだと思われるかもしれないが、もう何十年と続いてきた。

岩竹氏の前掲書によれば、サンフランシスコ講和条約締結で、「民主主義の行き過ぎ」として「教育を元に復させようとする動きが台頭」した。そして、それに対抗するように、「日本子どもを守る会」が創設された。この団体は「教員組合の運動と密接に協力する父母の組織」であり、「二つのＰＴＡ運動」と呼ばれたという（同書、１４７頁）。

こうした動きの背景には「一九六〇年代から七〇年代は、学生運動や市民運動の高まりがあった」と岩竹氏は指摘する。「高度経済成長期、人口増の時期であり、公害が大きな社会問題になった。そうしたなか、市民運動としてのＰＴＡ活動やＰＴＡ活動を通した市民運動の盛り上がりが見られた。それは、左翼的な思想の影響が強かった時代でもあ」った（同書、１４９頁）。

保護者たちの中には、ＧＨＱがＰＴＡを導入したというその経緯もあってか、理想的で民主的なＰＴＡこそが追求されるべきだと考える人たちもいた。

大阪府ＰＴＡ協議会長をつとめた滝谷信夫氏は、１９６６年に出した『学校のそとがわ――大阪府ＰＴＡ協議会長のメモから』（教育タイムス社）の中で、ＰＴＡによる公費負担は文部省調査では年間約２００億円、日Ｐの調査では年間約４５０億円となっていることを日Ｐの会議で指摘したうえで、「ＰＴＡの本来のあるべき姿に帰るための本部の覚悟をうながしたい」と発言したと明かしている。そして、ＰＴＡのあり方に危機感を覚えると同時に、希望も感じられるとして、次のように述べている。

「（ＰＴＡは）けっして世にいわれるようにボスだけの集まりではない。ＰＴＡの良心というか、それは力強くめばえている。今のままではＰＴＡはどうにもならないデッドロックに乗り上げる。あの敗戦の混乱の中で民主主義の理想の火をかかげて誕生したＰＴＡではなかったのか？　それが十数年を経ていつか組織が大きくなるにつれて純粋さが失われ、次第に目に見えない何物（ママ）かにあやつられ、ないしはわざわざ自分のほうから近づいて行って、パンくずに号泣するようなみじめな姿を現わしてはいないだろうか。しかもそのことに対する反省が芽ばえている。初心に帰ろうという願いが頭をもちあげている。それは外からの政治のあらしの前にはまことにか弱いものであるかもしれないけれども、本筋に帰そうという願いがほの見える。私は希望を感じた」（同書、128〜129頁）

　ＰＴＡ〝問題〟を取材してきた私からすると、ＰＴＡをあまりに純粋で希望に満ちた存在として捉えているように感じられるが、70年代にＰＴＡ活動をした人たちから、当時のＰＴＡは差別問題や環境問題にも取り組んでいたという話を聞いたこともある。「ＰＴＡ」と聞けば民主主義、と思っている人たちは一定数いたようだ。

　そして1971年には全国ＰＴＡ問題研究会が創設され、全国大会不要論や、日Ｐからの離脱を訴えるなど、今と変わらない問題点を指摘し、活発に提言していた。

前出の高橋保氏は、「連合体の構成員の中では特に権力指向型の野心家が上部へ進出することが多いので、組織が上にいくほど反動的色彩が濃くなる。したがってその頂点に立つ日本Pの体質を、内部から改革することは絶対に不可能である。また、体質のいかんを問わず、4重の構造を持つ任意団体の巨大な全国組織は、それ自体物理的に機能し得ない宿命を背負っているのである。思うにPTAの連合体が機能する可能性は、市町村段階までであろう」と、構造的な問題を鋭く指摘している（高橋、前掲論文）。

なお、ここでいう「4重の構造」とは、下から単P、市区町村のPTA連合会、それらを束ねる都道府県レベルのPTA協議会、そして最上位の日Pをさす。

家庭教育の研究をしている桜井智恵子関西学院大学教授は、PTAの民主化をめぐって、東京都世田谷区や杉並区を中心に議論していた市民による雑誌『PTA研究』のバックナンバー（1970〜2005年）を分析すると同時に関係者へのインタビューを行い、PTAを「下から」支えた市民や保護者の思想がどのようなものであったかを研究している。

取材に応じてくれた桜井教授は、「当初はPTAや市民が運動して、親と子が安心して学べるような民主的なPTAを目指そうという動きだったが、その学びがやがて当時の国民教育権思想（親と国家が教育権の奪い合いをして、親の教育権は国民の教育権だとされた。教育の目的は個人の能力をつけること、という資本主義の流れに包摂されていった）と連動する方向へ向かう傾向があり、ＰＴＡはそれに利用されてきた。ＰＴＡの民主化も、学校の枠組みの中で主に議論され、社会構造や政治のあり方を問うことはなかった」と分析している。

１９８０年代以降、当初理想とされたＰＴＡと現状とのギャップや、ＰＴＡをどう民主主義のために生かすかという議論は、次第に下火になったように見える。ＧＨＱが戦後、民主主義を広めるためにＰＴＡを日本に導入したという、ある意味でＰＴＡにとってプラスの歴史すら知らない世代が保護者になってきたことや、市民運動や勉強会などの衰退、議論が盛んだった東京都区部など都市部のＰＴＡが上部団体から離脱し、上部団体との関係が希薄化したことなどが影響しているのかもしれない。２０００年代に入って主にＳＮＳの普及によって、ＰＴＡ問題が多くの人の関心事だと気づかれるまで、しばらく間があく。

行政にとっての「潜在的利用価値」

前出の岩竹氏はＰＴＡの問題点として、以下の諸点を挙げている（「ＰＴＡフォーラムin神戸」２０１９年8月24日、配布資料での岩竹氏のレジュメより）。

・戦前（日本ファシズム期）の制度との連続性

・義務だけで権利を持たないこと、結社の自由（非加入の自由）が侵害されている
・「社会教育」という名による行政の介入、地域への従属
・社会教育の内容が「奉仕と修養」になっていて、啓蒙やエンパワーメントではない
・日本では主権者（親・保護者）が、行政や意思決定に関われない

『ＰＴＡという国家装置』でも、岩竹氏は、子どもや家庭の教育に国が注文をつけ、「地域との連携」をうたって介入してくることへの懸念を示しつつ、次のように指摘している。

「ＰＴＡは、それを現在のような形態で維持しようとする力が何なのかは隠されたまま、大きな抵抗を生じさせることなく、その枠組みのなかで示された方向に動く訓練を受ける場だと考えられる。ＰＴＡは全国津々浦々に浸透していて、その潜在的利用価値は高い。ＰＴＡについては、「不活性化」「活性化」「停滞」「不要」「再生」などの議論が繰り返されてきた。行政が、様々な手法で活性化や懐柔を図り維持してきた理由は、その潜在的利用価値にあるだろう。「戦前への回帰」を危惧する声が聞かれるなか、ＰＴＡはきわめて危うい組織と言える」（同書、223頁）

この指摘は、あながち大げさではないと考える。例えば今、政府・自民党は「家庭教育支援法」の成立を目指している。教育基本法の改正で家庭養育について、「国や自治体は保護

者に対する学習の機会など家庭養育を支援するために必要な施策を講じるようにつとめなければならない」とされたことを受けて、より詳細な法律を作ろうとしているのだ（これに関係する「親学」と合わせて第4章で詳述したい）。

この法案では、世帯ごとの人数が減り、家族が共に過ごす時間が短くなったとして、家庭教育支援が「緊要な課題」になったと指摘され、「生活のために必要な習慣を身につけさせる」こと、「国家及び社会の構成者として必要な資質が備わるようにする」ことが必要だと主張された（後者は後に削除）。さらに、地域住民に対して「国及び地方公共団体が実施する家庭教育支援に関する施策に協力するよう努める」ことを求めている。

「家庭」や「教育」ということばが目に入った瞬間に、「結婚していないから自分には関係ない」とか「子どもはいないから、ウチのことじゃない」と思う人も多いだろう。「別に悪いことは言っていないのでは」と感じる人もいることだろう。けれど、法案を注意して読めば分かるように、「家庭教育支援に関する施策に協力するよう努める」ことが求められているのは地域住民であって、保護者だけがその対象ではないのだ。だから、この法案が今の内容のままで成立してしまえば、その「地域」で暮らしているというだけで、子どもの有無とは関係なく、この法律の対象となってしまうのだ。

戦前の「要綱」と現代の「支援法案」

これは、戦時体制づくりの一環として文部省が1942年に出した「戦時家庭教育指導要綱」を想起させる。

文科省のホームページにある「学制百二十年史」によると、「日中戦争の全面化とともに昭和十二年八月政府は、従来の教化総動員を更に強化して国民精神総動員を決定し、挙国一致・尽忠報国・堅忍持久のスローガンの下戦争に向けての国民生活の全面的組織化を推進した」という。その一環として、「十七年五月文部省は戦時家庭教育指導要綱を発表し、翌十八年高等女学校・国民学校などに母親学級の開設を奨励した」のだった。

弁護士の団体である自由法曹団が、この要綱の「超訳」をしている。かいつまんで紹介したい。

三、母ノ教養訓練

3　母親を教育してください

そもそも家庭教育は父親と母親が協力してやるべきものですが、子供を立派にするためには特に母親の責任が重大です。なぜなら、母親は生まれつき、子供を産み、育てる生き物だからなのです。なので、母親を訓練して、健全な影響を子供に及ぼす必要があります。そのためには、子供を産み、育てる母親が変わらなければなりません。（中略）そのために、下記の点に注意してください。

ロ　国が望む理想の母親像を目指してください

まず、個人主義的思想は排除してください。そして、日本の母が本来有していた従順さ、温和さ、貞淑さ、我慢強さ、奉公精神などをちゃんと身につけるよう努力してください。

先述の要綱は、「超訳」によれば次のようにも言っている。

2　健全な家風を作ってください

ニ　お隣さんと仲良く協力しよう

血縁と地縁は昔からある日本の家ぐるみの付き合いのベースです。血のつながった者同士が協力するように、お隣さん同士も協力してください。それをさらに広げて、国で一体となって協力しましょう。これが日本の家の役割です。そういうことなので、お隣さんとは仲良くしてください。

この要綱が、現在の政府・自民党が成立を目指す「家庭教育支援法」と似た発想をしていることが見て取れるのではないだろうか。

そして、「家庭教育支援法」ではまず、家庭教育の重要性を唱え、その後、いかに困難な家庭が増え、家庭の教育力が低下しているかを指摘して、国家が家庭教育を支えなければならない――と展開していく。こうした話の流れは、ＰＴＡ大会などでもよく見られる。とするなら今後、同調圧力にさらされている保護者が、「家庭教育の支援」という名目で国家に介入され、「家庭と地域」という美しい言葉を口実にすべての人が国家から介入される可能性もゼロとは言えないだろう。

「小さなＰＴＡ」と「大きなＰＴＡ」それぞれの成り立ちとその後の変化を知ることで、現在のＰＴＡ問題とその構造について、より複眼的な見方ができるだろう。

第3章

親も知らないＰＴＡの世界

「決まるまで帰れない役員決め」や「卒業式のまんじゅうをもらえない問題」などは、PTAの年中行事のように盛り上がる一方で、上部団体についての記事を出しても、「小さなPTA」をめぐる記事と比べてそれほどの反響はなかった。

考えてみれば、日本PTA全国協議会（日P）を頂点とする「PTAピラミッド」の存在を、一般のPTA会員が身近に感じる機会はそう多くない。反響が少ないのは、そのせいかもしれない。でも、PTA会長、PTA連合会の会長や役員経験者に取材をしていくと、一般に語られているPTAとは、また違った姿が見えてくるのだ。

不思議なことに、ピラミッドの上層になるほど、取材相手の属性がどこか似てくる。PTAの講演会会場やベルマークの分別作業などで大多数を占めた女性（母親）の姿は消え、男性（父親）がほとんどだ。上部団体になればなるほど、多くが自営業や経営者の男性で、たいてい複数の子どもがいる。どうしてだろう？

PTAの連合体＝「上部団体」と、そのピラミッド構造について見ていきたい。

1　「大きなPTA」の解剖――「P連」の世界

PTA会長たちが抱える負担

なり手がいなくてみんな困っていたから、子どもが通う学校のためにひとはだ脱ごうか――。そんな思いでPTA会長を引き受けた後で、「学校のPTA以外の「仕事」が多くて驚いた」という会長経験者は少なくない。

「企業に勤めながらPTA会長を2年間務めた。学校の主な行事と上部団体への参加だけの条件で引き受けたが、年間20日の有給休暇の8割を使った」（埼玉県・40代男性）

「市町村P連や学区のまちづくり協議会の年次総会に呼ばれて手たたき要員・酒飲み要員になるまでは想定内、都道府県P連以上の年次大会やセミナー、まちづくり協議会の役員やらとなると想定外でへきえき」（岩手県・40代男性）

何がそれほど忙しくさせるのだろうか。

単Pの会長になると、一般的には、学校との折衝、PTAの各委員会や行事などの統括の仕事があるほか、近隣の小学校の運動会や卒業式、開校○周年式典などにも来賓として招かれる。

それだけではない。「まちづくり協議会」や「青少年健全育成協議会」などのメンバーに加わるほか、「交通安全運動」や「社会を明るくする運動」などの会議やイベントに出席しなければならない。さらに、自分が所属するPTAを統括するPTAの連合体（○○市PTA連合会、○○区PTA協議会など）にも持ち回りの当番や幹事業務があり、月例会や研修会、会長同士や教育委員会との「会合」（懇親会も含む）などにも参加しなければならない。時には宿泊が必要なＰＴＡ大会などへの出席も要請される。スポーツ大会やお祭り、絵画展など、ＰＴＡの連合体が主催・共催するイベントも複数ある。

他方で、ＰＴＡ会員の中には、次のような思いを抱く人もいる。

「勤務先で男性の同僚や女性の先輩の何人かがＰＴＡ会長経験者です。経験者は任期中、必ずＰＴＡ会長の業務内容を同僚に自慢します。ＰＴＡの中で保護者は平等だと私は思いますが、ＰＴＡ会長がそんなに偉いのか？　勘違いしている感じをうけます」（長野県・40代女性）

ＰＴＡ会員になって回ってくる委員会などの仕事にしても、本業もあるうえに家事・育児もしなくてはならない親にとって相当な負担となるから、本音のところでは、できることなら避けたいと多くの人が思っているだろう。ＰＴＡ会員ですらそうなのに、ＰＴＡ会長の場合、それに輪をかけて負担は大きい。しかも、一般会員からは見えにくい。参加を求められるイベントすべてがＰＴＡに必要不可欠なのかどうか、無償で参加する必要があるのかどうかは別にして、会長にかなりの負担がかかることは間違いない。だから、ＰＴＡによっては、副会長の人数を増やして、行事への出席を分担するなどして会長の負担軽減を図っているところもあるが、しかしそれも、問題の根本的な解決にはならないだろう。

現役のＰＴＡ会長からは、「誰かがやらなければ、という気持ちで役員を引き受けている。

「入退会は自由だ」「任意加入だ」というのなら、自分が一番にやめたいぐらいです」という声も寄せられた。

地域にもよるが、ＰＴＡ会長を対象に、教育委員会が「ＰＴＡ指導者研修」を主催するところもある。そこでは、ＰＴＡという組織をどのように維持し、ＰＴＡ会員をどのように導いていくか、といったことが取り上げられる。会長はＰＴＡの指導者か？という疑問はさておき、貴重な時間をやりくりしてそうした研修を受けることで、保護者の代表、あるいはリーダーとしての自覚が出てくる人もいることだろう。

ＰＴＡ会長を初めて経験する人にとって、学校を超えた仲間ができて心強いし、それは苦労を分かち合える仲間でもある。連合会によっては、かつてＰＴＡ会長を務めたＯＢが「顧問」などの身分で出入りするところもある。一方で、「伝統的」で画一的な会長像、ＰＴＡのあり方を、会長たちに押しつけてくる連合会もある。

例えば、「入退会を自由にする」ためにＰＴＡ改革を進めていたあるＰＴＡ会長は、市内の小・中学校のＰＴＡ会長が集まった市Ｐ連の懇親会の席で、同じ学区の小・中学校のＰＴＡ会長たちから、「そんなことをされると自分たちのＰＴＡが運営しにくくなるので、やめてほしい」と求められたことがあったという。

またある女性は、ＰＴＡ会長に手を挙げたところ、「母親なのに、子どもを置いてＰＴＡ

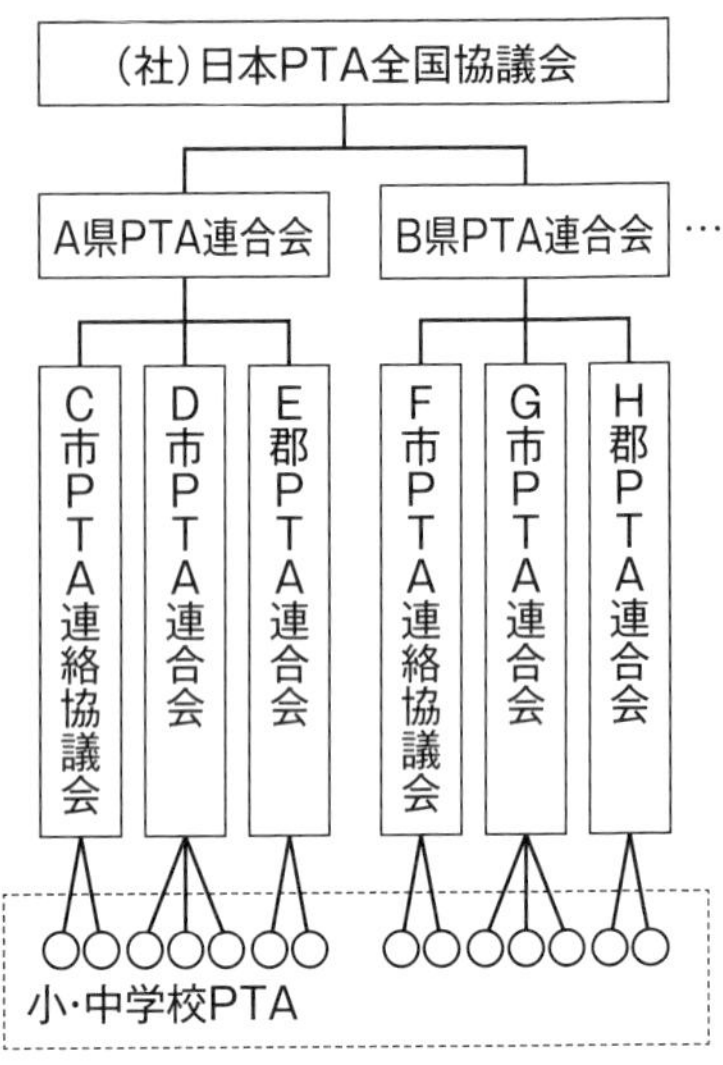

連合の研修や、対外的な夜の懇親会に出られるのか。できなければ、市の小学校の中で○○小だけが浮いてしまったり、教育関係の情報が入りにくくなる」と周囲に反対されて、別の男性保護者が会長になった。地域によって、ＰＴＡ会長の男女比には差があるものの（第1章参照）、間違いなく上部団体は、同じように活動できる人たちが集まる均質な世界になっている。

それだけではない。学校ごとの単Ｐに参加するかどうかは、保護者一人ひとりが自由に決めていいのと同様に、それぞれの学校の単Ｐは、その上部団体に所属しなければならないという義務はない。けれど、現実には同調圧力が強く働いていることもあって、上部団体から脱退することは難しい。

「○○小学校の子どもだけが、市Ｐ連のイベントに参加できなくなる」、「持ち回りの市Ｐ連の幹事が抜けると、他のＰＴＡへの負担が増える」、「○○小学校の要望を、行政に届けにくくなる」などと言われたり、そうなることを恐れたりすることもある。あるいは、「これまで加入して活動をしてきたのに、自分の代でやめたくない」という気持ちも働き、PTA会長は上部団体の関連業務が負担だと思ったり、存在意義に疑問を感じたりしても、なかなか脱退や休会することには踏み込めない。地域によってはPTA連合会そのものにしがらみ（PTAの会長OBが顧問として発言力を持っていたり、自治会や地元議員と関わりが深かったり、会長同士が仕事やサークルなどでつながっていたりする）があって、任期が決まっている一人のPTA会長だけで何かを変えるのは難しいという点も、単Pと同じだ。

逆に、P連の会長たちの足並みがそろって、上部団体から脱退したケースもある。少し古い事例だが、上部団体の存在意義を問う動きが相次いだ2015年当時の記事を紹介したい。

■PTA、全国組織に異変　市の連合会が離脱の例も　独自路線めざす動き

（「朝日新聞」2015年4月26日、朝刊）

「日本PTA全国協議会」（日P）を頂点としたPTA組織の一部で異変が起きている。この5年で少なくとも4市のPTA連合組織が上部団体から離脱した。その背景には、会費を納めて全国組織にい続けるよりも、独自の活動をしたいという保護者の意識の広がり

がある。

加盟は任意だが、高い組織率を誇る全国ネットワークから離脱したのは岡山、倉敷（岡山県）、徳島、熊本の4市。いずれも県内で最大級のPTA会員を擁する都市で、県組織に対する影響は小さくない。離脱組の一つ、「徳島市・名東郡PTA連合会」（徳東P連）に2013年3月、徳島県PTA連合会（県P連）から一通の文書が届いた。「再加入について、前向きにご検討ください」とあったという。

徳東P連が県P連からの脱退を決めたのは2011年のこと。県P連は当時、子どものけがなどを補償する団体保険の案内を保護者に出し、保険会社から手数料をもらっていた。その金額や使途を公表しなかったため、徳東P連は「いい加減な上部団体に所属していたら、保護者にそっぽを向かれてしまう」として脱退した。

一方の県P連は、「県内のPTAがまとまらないと、県教委に意見しにくくなる」などとして、復帰を促しているが、徳東P連の陽地政宏会長は「方向性は決まっていない」。

全国にある県P連の役割の一つは、加盟する市町村P連から聞き取りをし、県レベルの要望としてまとめ、県に伝えることだ。そんな中、倉敷市P連が13年に離脱したのは、県P連による組織運営への不満からだった。

倉敷市P連によると、離脱後は県P連に払う会費や全国大会の参加費など計160万円が浮いたので、市P連独自の活動に充てたという。中村勇会長は「いっそう活動を吟味するようになった」と話す。

すでに、県P連から離脱し、独立して活動している岡山市P連の赤木康二会長は、「小回りのきく組織になった」と話す。熊本市PTA協議会も、市教委と連携してプール開放のマニュアルをつくるなど、独自の活動を進めている。

離脱したある市P連の役員は「長年のしがらみもあるので難しかった」と話す。離脱したことを知った他の市P連関係者から、離脱の手続きなどの問い合わせが相次いだという。

一方、13年に離脱した新潟市P連は今春、日Pに復帰した。「負担金や大会への動員もある。メリットを会員に説明できるのか」という復帰に対する慎重論も出たが、「陳情のスケールメリットを考えた」（大宮一真会長）という。

また、日Pは、東日本大震災などの災害時に全国のPTAに呼びかけて募金活動をしたり、国の審議会などで発言したりもしている。上部組織から離脱する団体が出ていることについて、日Pの寺本充専務理事は「個別の県Pや市Pの活動内容を指導する立場にはないが、子どもたちのことを思えば、全国や都道府県の組織で一緒に活動する方が有益なのではないでしょうか」と話す。

（田中聡子、堀内京子）

＊その後、日Pに復帰したところや、新たに離脱したところもある。

この取材中に出会った、日Pから離脱した市P連の元会長が、「日Pに望むことは、大きな大会でたくさんのお金を使うことより、子どもたちの教育や食の安全とか、そういうことをどう文科省に主張していくか、という話だったのです」と話してくれたことを、いまもよく覚えている。

上部団体は「補助金の受け皿」

ＰＴＡの上部団体は、教育委員会から支出される補助金の受け皿にもなっている。

例えば、九州のある市の資料を見てみると、市のＰＴＡ協議会は、２０１３（平成25）年度から16（平成28）年度にかけて、毎年２００万〜３８０万円の補助金を受け取っていたことが分かる。補助金は、もともとは税金だ。補助の対象となった事業は、ＰＴＡ役員研修会、ＰＴＡ啓発研修大会、広報紙・理事会だよりの発行など。資料によれば、この補助金の支給先を公募していないのは「当該団体以外に、事業を実施できる団体がない」からで、補助金は「児童生徒の健全な育成をはかることを目的として、学校ごとに組織された単位ＰＴＡ相互の連携と研修の充実を図る同市Ｐ協に対して助成し、ＰＴＡ活動の振興を図るもの」だと説明している。つまり、この市Ｐ連に助成することで、市のＰＴＡ活動全般の振興を図るというのだ。けれど、これでは市教委が主催する勉強会にＰＴＡ会員が動員されたとき、断りにくいだろう。また、予算がつくことで、ＰＴＡ会費以上の、本来ならしなくてもよいイベントをしなければならないというプレッシャーもかかるだろう。

ＰＴＡでは、ピラミッド構造の上方からいうと、文科省と日Ｐがつながりを持ち、それと同じように都道府県の教育委員会と都道府県ＰＴＡ連合会が、市教育委員会と市ＰＴＡが、それぞれつながりを持っている。

ＰＴＡ問題に悩む保護者が行政に訴えても、「任意団体なので指導できない」と逃げられることが多いのだが、関係がないわけではない。補助金だけでなく、ＰＴＡ活動を表彰したり、教育委員会が主催する講演会にＰＴＡ会員を動員したりしているからだ。文科相のＯＢが日Ｐの事務局長を断続的に務めてきたように、行政出身の人間が事務局に採用されることもある。

退職した校長たちで作る「校長会」も、このピラミッド型組織と無縁ではない。ＰＴＡ連合会に校長会メンバー用の役職が設けられていたり、元校長が有給で事務局につとめていたりする。

ＰＴＡ団体の持つ資金力と動員力も、無視できない。コロナ禍で縮小されたものの、全国各地のＰＴＡ団体の主催で、これまで多くの教育セミナーや講演会が開かれてきた。

次に紹介する朝日新聞（２００９年６月５日、ちば首都圏版）の記事では、県ＰＴＡ連合会が主催する研究大会に政治家を招き、講演料を支払っていた事例が取り上げられている。

■返金、県ＰＴＡ連にも　知事団体、講演料12万円　高校講演料問題／千葉県

森田健作知事の資金管理団体「森田健作政経懇話会」が07年11月、県ＰＴＡ連絡協議会から講演料として12万円を受け取っていたことが、４日分かった。同協議会は「返金してもらい、個人あてに振り込んだ」という。森田知事は福岡県の公立高校からの講演料についても、政治資金にしないよう政治資金収支報告書を修正する意向を示した。

収支報告書や同協議会の説明によると、森田知事は07年11月、県ＰＴＡ研究大会で元衆議院議員の肩書で「家庭力――あなたの子どもは誰の子ですか？」とのテーマで講演を行い、同協議会は講演料として政経懇話会に12万円を支払ったという。同協議会は返金を求めた理由として、「県教委から補助金を受けており、政治資金にされることは問題だと判断した」としている。

同協議会は県教委から年額14万５千円の補助金を受けている。政治資金規正法では国や自治体から補助金を受ける団体は政治団体への寄付を禁じられている。

森田知事（当時）はその後、他にも私立幼稚園などから講演料を受け取って政治資金に入れていたことが明らかになっている。連合体が大きくなるほど、講演料も動員される保護者たちの数も増える。かつて全国大会で、ある有名人に５００万円の講演料を支払ったこともあるという。

けれど、この講演料にしても、そもそもは単Ｐが集めたＰＴＡ会費からの「上納金」や、税金由来の補助金なのだ。ＰＴＡが主催する講演会に誰を招くのか、どのような場所を会場にし、参加者の定員をどれくらいにし、いくら謝礼を支払うのか――。ＰＴＡの会員たちは、それが何のために開かれるのか、必要なものなのか聞いてみるといいのではないだろうか。

うまみのある「ＰＴＡ保険」

ＰＴＡが連合体を組むメリットの一つに、「ＰＴＡ保険」がある。

都道府県や大きな市などのＰＴＡ連合会の中には、保護者や子どもの事故に備えた独自の保険や共済を手がけている団体がある。掛け金が割安な「団体扱い」となるよう、学校単位で一律、全員加入としているＰＴＡもある。

補償の中味はまちまちだ。大別すれば、補償の対象を、保護者によるＰＴＡ活動に限るものと、子どもの学校外のけがまでカバーするものとがある。年間の掛け金を見ると、100円程度から1万数千円まで幅がある。

PTA向けの保険団体の窓口は、PTA連合会と別の団体にしているが、役員は兼任していることも多い。会員に加入を呼びかける見返りに、「事務手数料」などの名目で、掛け金の3～8パーセントのお金を保険会社から受け取っているところもある。PTA保険に加入している保護者からは、「手数料として受け取るくらいなら、その分の保険料を下げてほしい」という声も聞かれる。

保険会社にとって「PTA保険」は、PTAを通して、その学校の保護者の多くに自社の保険商品を選んでもらえるので魅力的だ。

PTA連合会が手がける「PTA保険」では、学校を通じて保険料を集めて、連合会が一括して手続きをし、損保会社から保険料総額の一部を事務手数料として受け取ることになっている。この事務手数料を連合会の運営費にあてたり、積み立てたりする。連合会によっては、積立額が1億円を超えるところもあるという。

しかし、「PTA保険」をめぐっては、さまざまなトラブルが起きているのも現実だ。例えば、こんな声があった。

「かつて市PTA協議会の理事を務めた。会費徴収はほぼ強制で、市P協は会費の一部で子供の安全を守ると称して保険事業を運用し、収益から市P協と市内10の区PTA連合会事務局で退職校長を事務局長として雇った人件費として毎年2千万円以上支出していた」（北海道・50代男性）

2003年から翌04年にかけて、各県にあるPTA連合会が、損害保険会社から受け取っている事務手数料について法人税などの申告漏れを指摘され、修正申告するケースが相次ぎ、その額は数百万円に上ったという事例もある（「朝日新聞」2004年6月10日、西部版）。

単Pが P 連を脱退するとなったときに、保険手数料の過去の積み立て分の分配をめぐって揉めて脱退を断念したケースもあれば、逆に積み立て分の分配を放棄して脱退したケースもある。PTAをビジネスに利用するべきではないという批判は根強いが、PTA連合会が主催するイベントや出版物には、しばしば保険会社の広告が出ている。県全域のPTAをカバーする保険を作ろうとしていたというあるP連の元会長は、「保険会社から現金を渡されそうになったことさえある」と話してくれた。

こうしたなかで、例えば大阪府PTA協議会は、大阪府PTA子ども・保護者総合保険会が受け取る集金事務費（=事務手数料）の取り扱いについて、保護者向けの案内で次のように説明している。

「会員の皆様がお掛けになった保険の掛金（保険料）の5%相当額を大阪府PTA子ども・

保護者総合保険会が保険会社から集金事務費として受け取っております。集金事務費は会員の皆様から掛金（保険料）をご集金させていただくための経費の対価として受け取っているものです（後略）」。ここにはQ＆Aコーナーも設けられている。

Q　集金事務経費を受け取ることは法律違反ではないのですか？

A　公認会計士・税理士・弁護士に集金事務費について確認した結果、法律上問題はないとの回答を得ています（後略）。

Q　集金事務経費の取扱いについて

A　これまでに集金事務経費により毎年積立てられた災害時等基金（約１４００万円）から大阪北部地震や台風21号への支援金や義援金として約７００万円を拠出しました。また、大阪府ＰＴＡ協議会への寄附として受け渡し、各ＰＴＡ協議会への活動費として活用されています。

Q　集金事務経費である掛金（保険料）の５％で掛金（保険料）は安くならないのですか？

A　現在、団体割引等の可能な割引がすべて適用されており、さらに５％の集金事務経費が支払われています。

このように「集金事務経費」(事務手数料)についてしっかり説明するところが増えているのは、事務手数料について知る人が増えてきて、問い合わせが増えたためだろう。

上部団体メンバーに見られる三つの特徴

これまでも説明してきたが、学校単位のPTA(単P)の大半が、「□□市PTA連合会」(P連)や「○○区PTA協議会」(P協)といった、いわゆる「上部団体」に所属している(108ページの図参照)。これら上部団体の会長の中の1人が、さらに上の都道府県レベルのPTA団体(全64団体)の会長も兼任する。この64団体が、日本PTA全国協議会の正会員メンバーを構成するという、ピラミッド型組織となっている。上部団体の会長を決めるために選挙が行われる場合もあるが、多くは互選で決まる。「単Pの会長なら何とかやりくりできても、上部団体の活動もとなると、パートや普通の会社員ではまず無理だろう」と、元日P理事は話す。

月に何度もある各団体の会議や研修会、夜に開かれる研修会や懇親会だけでなく、泊まりがけの研究大会にも参加を求められるので、たいていの場合、「仕事をたびたび休んでも給料が減らない仕事か、経済的に安定している人」が上部団体の会長に就く。具体的には、家業を継いだ人や自営業者、経営者、士業(会計士、弁護士、建築士など)が多い。市P連までは公務員や会社員もいるが、都道府県レベルの会長となると、仕事との両立はかなり難しくなる。

上部団体のメンバーに多く見られる二つ目の特徴は、「子どもが複数いて、その年齢が離れている」ことだ。

多くの場合、上部団体の役員になれる条件は、単Pの会長（＝小・中学校に通っている子どもがいる）であることだ。もし、PTAで上を目指すなら、長くPTAに関われる人のほうが「有利」である。実際、元日P会長の一人は、「PTAの会合で、初対面のあいさつは「下の子、何歳？」なんですよ」と話していた。つまり、子どもの在学期間が、PTAにかかわれる期間となるから、子どもが3人いたとして、三つ子であるよりも、小6、小3、小1のように年齢が離れていたほうが、PTA活動を長く続けられる。このため、上部団体の上に行けばいくほど、「子どもが複数いて、その年齢が離れている」傾向がある。

三つ目の特徴として、「自分以外に、主体的に子どもの面倒を見られる人がいる」ということがある。一番目とも重なるが、PTA会長として出席を求められるような式典や定例会、夜の懇親会、泊まりがけの研究大会などに子ども連れで出席することは、ほとんど想定されていないのが実情だろう。つまり、子どもたちの面倒は、自分以外の家族に任せることができると同時に、無給でもPTA活動ができる人でなければ厳しい、ということだ。そして、これまでのところ、この条件を満たすのは、ほぼ男性（父親）だった。

実際、70年余の歴史をもつ日Pの歴代会長の中で、女性は2人だけだ。ある県のＰＴＡ連合会は、わざわざ「母親代表」という役職を置いており、ほかは全員男性だ。

その結果、「女性は下働き、男性は実務経験なしに一気に副会長、会長など要職に。会長経験者が子ども会育成協議会や地域自治会連合会の役職へと上っていく」（大阪府・60代男性）ということにもなる。

そしてこれは特徴ではないが、上部団体の活動に仕事上のメリットが見込める人は活動を続けやすいようだ。

現に、「地域の会長が集まる会議でのこと、2年ばかり熱心に活動された方が、次の地方選挙に出馬するのでよろしくとあいさつされ、後援はがきを配られた」（兵庫県・50代男性）といった話は珍しくない。

首長や議員、教育委員会などと顔見知りになれることがメリットになる人、学校の統廃合や地域再開発、大規模イベントなどが自分のビジネスにつながる可能性のある人ならば、ＰＴＡ活動も仕事の一環と割り切ることができるし、家族の協力も得やすい。もちろん、ＰＴＡ団体の役員をやっている人のほとんどは、こうした動機とは無縁だろう。一人ひとりは、子どもや地域のためにという思いが強い。

ただ、少し前まで「1000万会員」をうたい、日本の保護者を代表するかのように振舞ってきたPTAピラミッドの頂点に立つ人たちを見ると、母親たちの姿は半分どころか数人しか見当たらない。低収入でダブルワークなど時間のやりくりに四苦八苦している親もいなければ、介護や看病をひとりで抱えている親も、ひとり親や外国人保護者も、いないだろう。

「PTAに使える時間」と「経済的な余裕」と「子どもの世話を頼める誰か」という「資源」を持っていなければ、PTAピラミッドの頂点にたどり着くのは不可能と言ってもいい。「文句があるなら、自分でPTAの役員／会長／連合会をやってからにしろ」というのは、そういう資源の少ない親の発言権をうばい、保護者のあいだに序列をつけるような、乱暴な物言いだろう。

PTAの連合体は、同調圧力によって自由にものが言いにくくなったPTA会員たちを、さらに大きな一つの団体にまとめあげる装置と言っていい。

先に述べたように、連合体には個人では加盟できない。意見があっても、自分が所属する単Pか、あるいは上部団体を通してしか伝えることができない。もちろん、団体で行動することで大きな成果を生む可能性はある。だが、戦前の後援会や父母会などとの連続性や、教育―家庭―地域の結びつきを強化しようとしている現在の政府・自民党の動きを考えると、国の方針を追認したり、従順に従うだけの組織になりかねない。そうなってしまえば、地域の特色を生かした独自の活動によって保護者の多様性を尊重するような活動もできなくなるだろう。こうした問題点を、最もはっきりした形で見て取れるのが、ＰＴＡの頂点に位置する日Ｐなのだと思う。

2　ＰＴＡ組織の頂点、「日Ｐ」とは？

大量動員の全国研究大会

白地にスカイブルーで「兵庫大会」と染め抜かれたのぼりが、会場に続く道沿いに何本も並び、はためく。のぼりと同じ青色のＴシャツを着て、笑顔で出迎える地元のＰＴＡ会員たち――。

２０１９年８月、兵庫県で開かれた日Ｐの全国研究大会（以下、全国大会）全体会会場、神戸市のワールド記念ホールに私は向かった。ＰＴＡの全国大会を取材したのは京都大会（２０１２年）、三重大会（２０１３年）、長崎と福井大会（２０１４年、福井は高校ＰＴＡ研究会）以来、５年ぶりとなる。

会場となったホールでは、オープニングで地元の宝塚歌劇団ＯＧによる華やかなアトラクションが披露された。主催者発表で８０００人の参加者は、スマホで思い思いに撮影し、「さすが神戸らしい」と感嘆の声を上げた。大会が始まると一転、厳粛な雰囲気に。日Ｐ会長や文科省政務官などが壇上に並ぶ。起立を促された参加者たちは、壇上の、あるいは大きなスクリーンに映し出された日の丸に向き合い、やがてホールは地鳴りのような君が代斉唱につつまれた。

続いて「ＰＴＡの歌」。ＮＨＫの連続テレビ小説「エール」（2020年3月30日放送開始）の主人公、古関裕而（ゆうじ）が作曲している。一般公募されたという歌詞は「春風そよそよ／吹く窓に／小鳥もくるくる／とんでくる」で始まり、「平和で住みよい／日本を／みんなでいっしょに／つくろうよ」で終わる。新時代への期待に満ちた内容だ。会場から「こんな歌があったの……」と、戸惑ったようなどよめきが起きたことも含めて、オープニングのこうした流れは毎年ほとんど変わらない。

この大会では、メンタリストのＤａｉＧｏ氏が講師として招かれた。８０００人の保護者を前に、「子育ては心理学で楽になる」という演題で話をしている。

この全国大会を主催しているのが、社団法人日本ＰＴＡ全国協議会（日Ｐ）だ。ＰＴＡピラミッドの頂点に立ち、全国のＰＴＡを束ねている。

都道府県や政令都市のＰＴＡ協議会が、日Ｐの正会員として名前を連ねる。会長や専務理事、理事など日Ｐの役員15人は、そのＰＴＡ協議会の会長たちの中から選ばれる（多くの場合、県Ｐ連の会長は、市Ｐ連などの会長の中から選ばれ、市Ｐ連などの会長は、単Ｐの会長の中から選ばれるという、ピラミッド構造）。

日Ｐは、全国連合小学校長会、全日本中学校長会など教育関係23団体の一つで、その全国大会には文科省から必ず来賓を招いている。７０００～８０００人の参加者が見込める全国大会は、その準備の大変さと地元自治体への経済効果の規模などから、「国体並みの大事業」（『日Ｐ50年誌』）とされてきた。「日Ｐが実施している事業の中でも内容、開催規模共に最も重要視している事業であります。学校教育、家庭教育の質の向上につなげ、子どもたちの健全育成を見守る環境作りの上で本大会は大変貴重な機会」（清水敬介会長、２０２１年の日Ｐ全国研究大会第一次案内より）だという。

日Ｐにとって、この全国大会などから得る事業収益は大きな柱の一つとなっていて、その額は年間、約９０００万円にのぼる。そしてもう一つの柱が、全国のＰＴＡからの「上納金」である会費収入で、こちらは年間約８０００万円だ。

全国大会は「町おこしイベント」⁉

全国大会が開かれるのは毎年8月。開催地のＰＴＡ協議会が所属する「ＰＴＡブロック」（日Ｐに加盟する64のＰＴＡ協議会を、日Ｐは北海道、東北、関東、東海北陸、近畿、四国、中国、九州の8ブロックに分けている）からは数十人単位で会員を動員し、それ以外の地域のブロックからも参加人数を決めて参加要請をすることが多い。「会員に広く知らせて、あとはまったくの自由参加」ではないので、参加者数はある程度、確実に見込める。参加費は４５００～5千円で、事前に払い込む。遠方からの参加者は泊りがけとなる。大会への参加費、宿泊費、交通費のすべてをＰＴＡが負担するところもあれば、個人が自腹で参加するところもある。

全国大会は例年、8月の中旬以降の金・土の2日間にわたって行われる（２０２1年の大会日程は、コロナ禍のためか土曜日のみの1日となっている）。その前日の木曜午後から、役員たちの関連会議などが始まる。

金曜午後からは分科会（例えば県P連主催であれば、県内のあちこちに分科会会場が設けられることが多い）で、全国各地から参加した大勢の会員たちが、それぞれの会場へと向かう。分科会会場には、主催するＰＴＡ連合会の保護者たちが、暑い中、道案内をするために最寄りの駅や交差点などに案内板を持って立っている。分科会のオープニングでも、子どもたちの踊りや楽器演奏があったり、地元の歌手が出てきたりする。分科会のテーマごとに、地元にゆかりのあるタレントの講演や、校長やＰＴＡ役員たちによる研究発表会のような手作りパネルディスカッションなどがある。分科会会場では地元の名産や土産物などが販売されたり、地元の観光名所案内のパネルが置かれたりすることもある。

その日の夜は、ＰＴＡの仲間たちと懇親会になることが多い。土曜日の午前中には全体会が開かれる。主催地のＰＴＡ関係者と、翌年の主催地のＰＴＡ関係者らが顔を合わせて情報交換をする場にもなる。大会参加者を対象に、旅行社によるミニツアーが用意されることもあり、遠方からの参加者の中には、午後からスタートするこのツアーに参加した上で帰路につく人もいる。これらのものを、ＰＴＡの仕事の「役得」として楽しみにする人もいて、ＳＮＳに今ほど警戒心のなかった10年ほど前には、全国大会に参加した人たちの、楽しそうな宴会や観光の様子がよくブログなどに書き込まれていた。

そして、全国大会の開催をきっかけにして、日Ｐや上部団体に参加する意義や、負担についての関心が高まって、開催地の県の連合会に属するＰＴＡ団体が離脱したり、大会資金をめぐる使途不明金が見つかったりすることもある。

開催が決まると、開催地のＰ連は数年前から、積立金などの準備に取り掛からなくてはいけない。北海道のあるP連は、地元で開催する全国大会のために、年間200万円の積み立てを開催5年前から始めた。大会運営にあたっては、PTA会費だけでなく、自治体からの数千万規模の補助金（＝税金）がつぎ込まれる。大会運営を支えるのは、仕事をしながら子育てをしつつ、ボランティアとして参加する保護者たちだ。日ごろの活動規模に見合わない、大きなお金が動くイベント運営の手伝いは相当の負担だろう。

神戸大会の翌年、2020年に開かれる全国研究大会の予定地だった富山県。神戸大会の会場に、赤いチューリップ色のお揃いのTシャツを着た、富山県のPTA関係者、約300人（ちなみにその多くが男性）を送りこんでPRしていた。けれど、コロナの感染拡大防止のため、富山大会は中止となった。2020年11月12日付「日本PTA新聞」では、「富山県としては、この全国大会の準備に対し、大会準備会議・大会準備委員会そして大会実行委員会と組織を毎年編成し直しながら、実質4年もの年月を費やし（中略）大会グッズも揃え、あとは実施するだけという段階での中止」だったと、大会関係者が無念の胸中を吐露している。

東京オリンピックでは、有償のスタッフがやるような仕事に大量のボランティアを当て込んだことで批判の声が上がったが、PTAの全国大会などは何十年ものあいだ、保護者の無償労働とPTA会費、補助金、割り当てられた人数分の大会参加費が前提の「大がかりな街おこしイベント」という趣が強い。

例えば、宮崎県で2006年に開催された「日本PTA全国研究大会みやざき大会」。「県内の観光や経済の振興に寄与するため、大型コンベンションの誘致に努めている」というみやざき観光コンベンション協会が発表した試算によると、「宿泊費や飲食費などで2億1千5百万円の経済効果があった」という。★

ちなみに、2021年8月の開催地は北九州市となっている（新型コロナの影響でオンラインでの開催となる）。そして、2020年11月12日付「日本PTA新聞」によると、22年度の開催予定地は山形県、23年度は広島県、24年度は川崎市、25年度は石川県、26年度は奈良県となっている。地元のみなさんは、ご存じだろうか。

この全国大会以外に日Pは、全国のPTAを北海道、東北、関東、東海北陸、近畿、中国、四国、九州の8ブロックに分け、これらブロックごとの研究大会を毎年開いている。実践例などの発表や講演会を行ったり、地域でどんなPTA活動がなされているのか、課題は何かといったことを勉強会方式で共有したりする。夜の懇親会や宿泊を伴うときもある。

★——http://www.kanko-miyazaki.jp/convention/kankokyokai/documents/dc1163_1.pdf（最終閲覧日：2021年8月22日）

こうしたＰＴＡが主催する各種大会については、少なくとも80年代から、その意義や運営・参加の負担をめぐって問題提起されてきた。

コロナ禍を機に、ＰＴＡが全国大会を開く意義や、どれほどの経済効果があるのか、そもそも経済効果を期待して大会を開いていいものなのか、それでいいとして、それはＰＴＡ会員の金銭的・時間的負担や自治体からの補助金に見合うものなのか、じつはＰＴＡの権威づけのために利用されているのではないかといったことが、あらためて問われることになるだろう。

「ＰＴＡに上下関係はない」は本当か？

日Ｐと、それを構成する正会員である都道府県などのＰＴＡ協議会（連合会）とのあいだに上下関係はない、というのが日Ｐの表向きの説明だが、実際には日Ｐの意向に左右されることが少なくない。文科省や都道府県の教育委員会なども、ＰＴＡを直接、指導・監督できる立場ではない。それでも、ＰＴＡ連合会は下部の単Ｐから「上納金」を集めるだけでなく、保険手数料からの収入などもある。「子どもたちのため」というクリーンなイメージでいろいろな事業を行うこともあって、教育会館などの建物に安い賃料で入居したり、公的施設を安く使える特権があったりする。

そして、連合会によって、自分たちの活動を広く知ってもらおうと広報に積極的だったり、自分たちで判断し行動したりするところもあれば、そうでないところもある。中には、問題が起きたときに介入が難しいケースもある。

ある県のＰＴＡ連合会で長く事務局長を務めていた女性が、その傘下にある市などのＰＴＡ連合会の会長同士で連絡を取らせないようにしたり、これらのＰＴＡ連合会を中傷するような文書を県Ｐのホームページにアップしたりして、関係がこじれたことがあった。当時、文科省から出向していた県教委の担当課長は「県Ｐに問題があるという引き継ぎは受けているのですが……直接指導することはできず悩ましい」と話していた。

朝日新聞の取材チームは２０１４年、当時61あった全国の協議会の実態を明らかにするために、下部組織から集めている会費の額や、それぞれの協議会における単Ｐの加盟率、脱退の意向を持つ団体などを確認しようと、全国アンケートを試みた。

取材チームの田中聡子記者と分担して、調査に協力してもらえるよう事前に依頼の電話をかけ、そのあと改めてメールやファクスで質問を送付した。「質問は封書でのみ受け付ける」というところには、手紙を添えて封書で送った。回答を戻してもらった上で、電話でその回答について確認するというやり方を採った。ほとんどが協力的で、最初はスムーズに回答も集まっていたが、３日目ぐらいから雲行きが怪しくなった。電話に出た担当者の様子が、どこかぎこちない。日Ｐ事務局から、「新聞社などからの問い合わせに対して、個別に回答しないように」という連絡が入ったようだ。回答をくれると言っていたのに、「日Ｐとの協議の上、お答えしないことになりました」と態度を変えたところもあった。

日Ｐは「保護者代表」なのか？

新型コロナウイルスの感染拡大が始まった2020年2月末、安倍晋三首相は唐突に一斉休校を要請し、独自に判断するべき全国の教育委員会はそれに従った。休校要請の科学的根拠が示されることはなく、オンライン授業の準備や居場所の確保、給食の提供などの手当てを講じるいとまもないまま、子どもたちの「教育を受ける権利」は奪われた。しかし、800万のＰＴＡ会員を擁する日Ｐは、特段、何の声明も出さなかった。

その一方で、感染拡大を受けて「9月入学」案が急浮上すると、日Ｐは早々と「現在のような社会の混乱期に一気に導入する、という性格のものではない」として、慎重な検討を文科省に求めた。私自身はこの時点での9月入学の導入には反対だったものの、周囲には9月入学の検討を切望する保護者たちもかなりいたので、日Ｐがこの件で保護者代表のような顔をして、こうした意見表明をしたことに違和感を覚えた。

日Ｐは、公立小・中学校のＰＴＡの連合体で構成される全国組織だ。都道府県Ｐに対して日Pは、子ども1人あたり10円を徴収している。都道府県Pは、それぞれ傘下におさめる市P連から、例えば24〜30円を徴収し、単Pは会員から集めたPTA会費の中から、子ども1人あたり150円とか200円を、市P連などの上部団体に納めている。これだけ見ると日Pは、すべてのPTA会員に関係のある組織のようだが、「保護者の声を代表して発言している存在なんだろうか？」という疑問は消えない。

例えば、東日本大震災のときに日Pは、全国のPTAを通じて数億円の義援金を集めた。組織力を生かして子どもたちのためのお金を集める義援金は、日Pの得意とするところだ。

当時、大きな被害を受けた地域を除けば、保護者たちの関心事は、「運動場や砂場の放射能除去」「給食の食材の産地表示や食材の切り替え」「子どもの遊び場の確保」などだった。けれども日Pは、そうした保護者の声を吸い上げて意見書をつくり、国に申し入れたりはしなかった。被災地から避難して全国に散らばった子どもたちの「いじめ問題」について、全国大会で議題にすることはあっても、そうした子どもたちのために声明文を出すこともなかった。保護者の代表として世論を動かす、あるいは一石を投じるには、保護者たちの意見をもっと吸い上げなければならないと思うが、現実にはそうなっていない。

『日P50年記念誌』によれば、日Pは「全国統一・代表機関として、教育環境諸条件の整備・充実などをめざして、国や社会各層へのアピール、提言を行い広く世論を喚起してその実現を図っている。ＰＴＡの立場から、その時代の教育・社会問題に建設的な提言、アピール活動を行うことにより、世論の形成に一石を投じ、その状況の改善の推進力となってきた」。けれど、これまで何度か指摘したように、単Ｐ会員の声を積極的に聞き取ってきたとは言い難い。保護者からの要望をとりまとめて国にアピールするというより、政府の意を受けて、トップダウンで親に提言したりしてきた。どうも、親の思いとは違うところで世論形成に関わろうとしているように見えてしまう。

会員８００万人を擁する「日本ＰＴＡ全国協議会」が「要望書」を出すとき、あるいはその会長が話をするとき、保護者の代表として振る舞っていて、しかも、そこで言われたことは、８００万会員の総意であるかのようになっているけれど、そこに問題はないのだろうか。

ほかにも疑問はある。

単Ｐでの活動に参加する保護者の中には、迷いや悩みを抱えながらも、子どもたちのためになるなら、少しでもＰＴＡがよくなるなら、という思いで日々努力している人も少なくない。こうした営みも、すべて「日Ｐの成果」だと思っているフシがあるのだ。例えば、２０２０年10月の中教審「新しい時代の初等中等教育の在り方特別部会」が、「「令和の日本型学校教育」の構築を目指して～全ての子供たちの可能性を引き出す、個別最適な学びと、協同的な学びと実現～」の中間まとめについて日Ｐの元会長（現顧問）が「日Ｐとして」出した意見書の、次のような結びの言葉を読んでみてほしい。

「学校と地域、学校と家庭の架け橋としてのＰＴＡの存在は、学校現場からもなくてはならないとの評価を全国各地から多く頂いています。ＰＴＡとしての覚悟を包含する意味において、指摘箇所には遠慮なく「ＰＴＡとの連携」や、「協働」など記載を頂き、文部科学省をはじめ多くの関係の皆様と共に令和の日本型教育の構築を目指して参りたいと意を新たにしております」（傍点は引用者）

「ＰＴＡとしての覚悟」とあるが、一体いつ、単Ｐの会員たちの意見を聞いたというのだろう。「遠慮なく「ＰＴＡとの連携」や「協働」など記載を頂き」とあるが、「協働」するために保護者の意見も聞かず、いろいろと動員を図るということだろうか。けれど保護者たちは、「お母さんたちがいますから、遠慮なく使ってください」と、気軽に使えるようなコマではない。

しかも、ＰＴＡ組織や会長が、ＰＴＡを構成している保護者たちの上位にあり、コントロールすることができると思っているような発言も見られる。

例えば、文科省が主催した２０１３年の教育改革フォーラムに出席した山口県ＰＴＡ連合会会長からは、「先生にお願いしたいのは、ＰＴＡを親と同じものとして考えないでほしい、ということである。ＰＴＡは学校の味方であり、学校や先生のバックアップを考えている。

ＰＴＡには来ないが、学校に文句を言いに行く親がいて困っている。このような親が来たら、ＰＴＡにも情報を流し、面談の場にＰＴＡも同席できるとよいのではないか」という発言まで飛び出している。会員たちに、それらの発言が知らされることはない。

「親の願い」は掛け声でミュート

日Ｐは「すべては子どものために」をうたい、１９９５年4月からは、「親の願いを反映」させるとして、中教審にも参加している（「日本ＰＴＡ新聞」１９９５年5月31日）。けれど、「親の願い」と一言でいっても、9月入学の導入をめぐって親たちの意見が分かれたことからも分かるように、その願いを一人ひとりの親に聞いてみれば、答えはバラバラだろう。「子どもに生き抜くための学力をつけさせたい」とか「親孝行で我慢できる子になってほしい」とか「競争しないで分かち合える人になってほしい」かもしれない。「土曜日は子どもと遊びたい」という親もいれば、「できるだけ学校の授業に力を入れてほしい」という親もいる。

共通して言えるのは、「余裕のある環境で余裕のある先生たちのもとで、子どもたちが心身ともに健康で安全に学べたらうれしい」ぐらいではないだろうか。

日Ｐは「全国統一・代表機関として、教育環境諸条件の整備・充実などをめざして、国や社会各層へのアピール、提言を行い広く世論を喚起してその実現を図」るというけれど、教育に対する日本の公的支出はOECD諸国の中で下から2番目だ。それに日本の教師たちは、どの国の教師よりも忙しいとされる。先進国では標準的な少人数学級にしても、いまだに実現していない。子どもの権利条約にも違反し、人権を軽視している校則も珍しくない。これだけ多くの問題を抱えているなかで、日Pは「教育環境諸条件の整備・充実などをめざして」、この20年ほどのあいだ、いったい何をしてきたのだろう。

2020年11月、日Pも含む「子どもたちの豊かな育ちと学びを支援する教育関係団体連絡会」（教育関係23団体）は「少人数学級の実現と学校における働き方改革の推進等を求めるアピール」を採択し、政府に対して少人数学級を実現すること、教育関係予算の財源を確保することなどを要請した。後日開かれた日Pの年次表彰式では日Pの清水会長が、出席した萩生田文科相にアピール文を改めて手渡し、「我々日本PTAを含めて、連絡会に参加する教育関係団体すべての総意でありますので、引き続きどうかよろしくお願いいたします」と述べた。

こうしたアピールをすることに遅すぎるということはないと思う。少人数学級はぜひ実現させてほしいし、先生たちの過剰労働はすぐにでもなくしてほしい。けれど、こうしたことは本来、日Pを通してお願いしてもらわなければならない類のものではなく、そうした政策の実現を目指す政治家を、選挙を通じて私たちが選ぶことから始めるべきなのではないか、という思いがよぎった。

日Pのある会長にインタビュー取材したとき、先進諸国と比べて日本ではGDPに占める教育費の公的支出の割合が非常に低いことをどう思うか尋ねたら、「それは、費用だけでは……中身も見ての評価なのかということを考えないといけない。私に教育費のことを聞かれても、見識を持っていないので困る」と返されて驚いたことがある。これで、どうやって文科省や財務省に働きかけることができるというのだろう。結局、日Pに求められているのは、そういう役目ではないのかもしれない。

「文科省が開く審議会で聞かれることについては、文科省の役人が想定問答集を作って配ってくれた」と話してくれた、日Pの別の元幹部もいる。

私の子どもが通う区立小学校では、校舎の改修工事を行う際に、仮設トイレの建設費をPTA会費から拠出する計画があった。それは地方財政法に違反するのではないかと指摘したところ、撤回された。

ただ、体力測定の手伝いや地域学習の見守りなどについて、PTAからボランティア募集メールが送られてくる。「PTAの皆様　今年も体力測定実施の時期となりました。教職員の減少もあり、広くＰＴＡや地域の皆様よりお手伝いを募集します。本番・予備日各回10人。○月○日午前8時〜12時」という具合に。

学校単位のＰＴＡの場合、「教育費が足りないのは仕方のないことで、協力していきたい」と思っている保護者は多いように思う。私も初めはそうだった。急に人手が足りなくなって困っていると分かれば、できる範囲で手伝おうと思う。けれど、毎年のように何かがある。

批判や要求は政治的だと敬遠されるこの時代、「そもそも教育費が足りないんじゃないか」という保護者たちの声は、「先生も大変なんだから、私たちが頑張りましょう」、「すべては子どもたちのために」というＰＴＡの掛け声にかき消されてきた。この20年間、ＰＴＡが保護者の無償労働や、ＰＴＡ会費からの教育費の補てんなどで頑張るのではなく、教職員の増員や予算の増額を訴え続けていたなら、どうなっていただろう？　だが、いまや「大きなＰＴＡ」は、教育費の公的支出も教員の数も、できるだけ増やさないような教育政策を追認するような役割を果たしているように思えてならない。

本音炸裂、日Ｐ会長との一問一答

ＰＴＡについて改善したい点などを尋ねるインターネットでのアンケートを朝日新聞が

2015年に実施したあと、そこに寄せられたいろいろな意見をどう考えるのか、日Pの当時の会長で、経営コンサルタントの尾上浩一氏にインタビューしたことがある。そのときの一問一答は強烈だった。

メインインタビュアーの田中聡子記者が粘り強く問いを重ねる横で、サブの私はメモを取りながら、内心では何度も首をひねっていた。行数の都合で短く整えられた紙版の記事(「朝日新聞」2015年5月24日、朝刊)よりも、実際のやりとりに近い、WEBに掲載されたほうのインタビュー記事「「忙しいからやらない　なぜ?」日P会長尾上浩一さん」の一部を紹介したい。

(前略)

——役員を断って陰口を言われたり無視されたり、「大人のいじめ」のようなことも起きています。

「ちょっとぐらいのこと」としか思わないんですよね。人が集まるところでは、いじめのようなことは起こるものです。そんな時に相談相手や解決方法を探ることも、周囲との関わり方を身につけることになるのではないでしょうか。それも経験。それなのに何かあると「辞める」とか、「あの人が嫌いだから行かない」とか、自分の子どもがやったら注意するようなことを、大人がやってはいけない。

——陰口や無視も気にするな、と。

断る理由があったら、別に気にする必要はないじゃないですか。

——会費の使い方に対する疑問の声も多かったです。学校の予算の一部のように扱われているという指摘もありました。

それはおかしい。変えなければいけませんね。会費はＰＴＡ活動のために使うべきです。確かに、学校の予算が足りないことはある。だけど、私は学校の本を買うお金を、地域の企業に寄付してもらいました。普段しっかり活動しているからこそ頼めたのです。地域としっかりした関係を築いているかどうかにかかっています。

——では、会費の使い方を指導しているのですか。

それぞれのＰＴＡが決めたことに入っていくことはできません。実際、ＰＴＡ活動以外に使われるケースは、そんなに多くないと思いますよ。ＰＴＡのことをよく思っていない人がそう指摘しているのではないでしょうか。

——役員の決め方への不満も根強いです。

確かに、強制的にやらせるようなよくないやり方も見受けられます。変えることはエネルギーを使うから、同じやり方が続いているのでしょう。それは少しかわいそう。

——「ＰＴＡは必要か、不要か」というアンケートでは、不要という意見が多くなりました。率直にどう思いますか。

絶対に必要。

——なんのためにですか？

子どもたちのため。親が自分の子どもだけに関わっていては、いい子には育ちません。帰属意識や規範意識、地域を思う気持ちなど、ＰＴＡは人間形成にもってこいの場。そうした意識は、安定した日本の労働力を確保することにもつながります。それを「いらない」なんて、よく言えるなあ。きっと地域とのかかわりが薄いか、何らかのトラブルがあった人たちなのでしょうね。

（以下、略）

そして後日、私は朝日新聞のコラムに書いた。

■（記者有論）ＰＴＡ　国策推進の道具になるな（２０１５年8月4日、朝刊）

本音炸裂だった。約８５０万人が加入するピラミッド型組織、日本ＰＴＡ全国協議会（日Ｐ）の頂点に立つ前会長の発言だ。

——ＰＴＡで「大人のいじめ」のようなことも起きています。

「人が集まるところでは、いじめのようなことは起こるものです」

――（ＰＴＡへの不満の背景には）共働きの増加など家庭環境や時代の変化があるのでは。

「『共働きだから忙しい』という理屈はよく分かりません。私が一番忙しいと思います」

立ち話ではない。フォーラム面で5月に5回続けたＰＴＡ特集と、読者約3千人の声を受けたインタビューでのことだ。

ＰＴＡは入退会自由だが、実際には保護者は入会を拒みにくい。そして、多くの公立小中学校のＰＴＡは、保護者が払った会費の一部を上部団体に上納し、ＰＴＡ大会や講演会に保護者らを動員する。日Ｐの前会長は、フォーラム面のデジタルアンケートで過半を占めたＰＴＡ不要の声の真意を聞かず「帰属意識や規範意識、地域を思う気持ちなど、ＰＴＡは人間形成にもってこいの場」「安定した日本の労働力を確保することにもつながる」と主張した。

日Ｐ会長は、地元のＰＴＡ会長、市や県のＰＴＡ連合会の役職を兼務することが多く、歴代の役員たちの多くは「自営業」「子ども複数」「男性」だ。保護者の代表というにはあまりに偏っている。

4年前からＰＴＡを取材してきた私は、保護者が有休を使ってＰＴＡの生け花教室に参加したり、子どもを家に残して宴会でお酌をさせられたりする話にはもう驚かない。

強い同調圧力の中で、親は「子どもが人質になっている」と感じ、会費の使途や活動内容が不透明だと思っても口には出せず、貴重な時間と気力を浪費させられていく。楽しく役立つＰＴＡがある一方で、やりがいを搾取する企業と変わらないようなＰＴＡも放置されているのだ。

心配なのは、ＰＴＡが国の政策にお墨付きを与えたり、国の政策を上意下達で家庭に広めたりする装置として利用されかねないことだ。

日Ｐ会長は中央教育審議会の委員でもある。前会長はシンポなどで、保護者間で意見が割れる道徳教育について個人的な推進の立場で発言していた。一方、日Ｐは例えば原発事故後に給食の安全に関する要望を出していない。各地の親の切実な声を国に届けているとは言いがたい。

安倍政権は学校を中心とした地域活性化の絵を描き、ＰＴＡも活用しようとしている。国が望む家族観や道徳観を広める道具にならないか。親たちの思いとは隔たりのあるＰＴＡのリーダーたちも取材してきた私は、大いに危惧している。

それから6年たった今、その危惧は消えないどころか、さらに大きくなっている。

役員経験者の「元が取れない」発言

関東のある県で、県P会長、日P理事を務めた経験者は、「PTAや地元との懇親会など、会長をしていると自腹を切って支払うお金や、使われる時間が多すぎる。日Pの三役とかにならないと元が取れない」と話していた。元を取るというのは、端的にいって「名誉」または「仕事」、あるいはその両方を指している。

5年ごとに開かれる日Pの創立記念式典には、秋篠宮夫妻が毎回出席してきた。創立70周年にあたる2018年には、皇太子夫妻が出席した。

日本PTA全国協議会創立70周年の記念式典で挨拶する皇太子さま（当時）［東京都千代田区、2018年11月21日］　朝日新聞社提供

「日本PTAは、自分が特別に選ばれたもののような気分になれる。地方から東京に出てくると、自分が一段高いところに来たように思ってしまう」と自嘲気味に語った西日本の元理事もいた。地域によって差はあるだろうが、「日本PTA全国協議会専務」とか「日本PTA全国協議会会長」などの肩書があると、「名士」として扱われることがある。日Pの経費での東京

出張、各地のＰＴＡブロックで開かれる研修大会への出席、ホテルの宴会場で開かれる懇親会への参加など、役員ならではの行事も少なくない。退任してからも、自治体が主催する教育関連の審議会委員のほか、教育委員会の委員や監査委員などに選ばれたり、地元大学の教育学部やＰＴＡの講演会に招かれて講演したりすることがある。

もちろん、元を取ろうと考えてＰＴＡ役員を務める人などいないだろう。ただ、ＰＴＡ会費を払うことで日Ｐを支えている私たちは、役員たちを多忙にしてまで、日Ｐに何かを代弁してほしいと思っているのだろうか。そして、現在の日Ｐは、全国の保護者たちの代弁者としてふさわしい存在なのだろうか。声を届ける手段は他にあるのではないだろうか。

唐突だった「日Ｐ会館」取得

日Ｐの事務所、通称「日Ｐ会館」は、東京・赤坂に建っている。

プラタナスの緑が爽やかな青山一丁目の地下鉄駅から徒歩約10分。少し奥まった路地の角に地上3階建てのビルがある。普段は事務局の職員数人がいるだけで、訪れる人も少ないこのビルは、日Ｐを象徴する建物だ。

私の乏しいイメージでは、赤坂といえば政治家か料亭だった。日Ｐ取材を始めた２０１２年に、なぜ日Ｐが自前のビルを赤坂に構えているのだろうと思って、登記簿を取り、さらに情報公開請求をしてみた。すると、2003年に日Pがこの土地と建物を、現金1億7700万円で一括購入していることが分かった。その前は、東京・新橋のビルに賃貸で入っていた。新幹線や飛行機で各地から集まってくるPTA協議会の会長たちにも便利で、文科省にも歩いて行ける新橋から移転し、赤坂のこの建物を購入するに至った経緯を知りたいと思った。複数の幹部の証言や、地方からの参加者が保存していた理事会の資料、そして情報公開された資料などを総合して分かってきたのは次のようなことだ。

公益社団法人　日本PTA全国協議会の事務所［2021年7月21日］

話は90年代前半までさかのぼる。

当時、日Pの緊急課題は、児童・生徒数の減少に伴って会員数が減って、下部組織からの会費収入が少なくなることだった。『日P50年誌』によれば、1994年の義務教育人口が1343万8千人であるのに対し、10年後の2003年には229万2千人減って1114万6千人となり、会費収入は1213万円減ると予測していた。

こうした事態に備えて、日Pは「PTA基金」の創設を決めた。書き損じはがきや未使用（「使用済み」との記載もある）のテレフォンカードなどを、ＰＴＡを通じて全国の家庭などから回収した。当時の呼びかけ文には、「日本ＰＴＡ基金にご協力をいただければ幸いです。『おひとり一枚』を心がけて……」とある（単Ｐで今も行われている「一人一役」に通じる、「負担の平等」重視を感じさせる文面だ）。

全国の保護者たちは積極的に協力した。例えば岐阜県の場合、集まったはがきやテレフォンカードだけでも約４００万円になったという。１９９８年には約3億円を積み立てた。ただ、目標額の5億円に届かなかったこと、また低金利になったことから、資産運用はしなかったという。

あまり語られていないことだが、阪神・淡路大震災で日Ｐが全国のＰＴＡを通じて集めた義援金の余りを、このＰＴＡ基金に振り向けたと、複数の元幹部が証言している。

そのうちの一人は、「（日Ｐ基金のために集めたお金に）阪神・淡路大震災の義援金の余りなどを合わせて5億円ぐらい残っていた。被災地の子どものためと言って集めたお金で、じっさい神戸の子どもたちにも渡してある。全然行っていないわけではない。最終的にそれ（分配して残った義援金）を何に使うかは、議題として取り上げて全国で話し合って機関決定したのだから問題ない」と話した。

この件について後日、日Ｐに確認したところ、義援金の総額は11億４３００万円あまりで、兵庫県P、神戸市Pに対して計2億円を配分し、公益信託「阪神・淡路大震災遺児就学援助基金」設立のために9億円使ったという。詳しい資料は残っていないとの回答だった。

日P会館取得の話は長年検討されてきたものではなく、唐突だったと明かすある元幹部は、「不動産取得の話が出る前年度まで、そんな話は全く出ていなかった。子どもの数が少なくなるので活動費が少なくなるとの危機感があって、日本PTA基金を作っていたのだから」と話した。

この基金から最大2億円を充てて不動産を取得すると、日Pの臨時理事会で決まったのは、2003年3月のこと。日P基金のうち、固定金利での運用分について、現金預金ではリスクがあるので、固定資産として運用したほうがいいとの提案があったためという。このときの日P会長は2002年6月に会長に就任している。

物件の選定と取引の経緯について、当時の複数の役員が問題にしている。

関係者の一人は、「事務局から「物件候補の条件は港区で2億円以下」だと聞いた。とにかく性急に決めなければならないという印象だった」と話していた。結局、事務局が候補として提示した三つの物件から選ばれたが、かかわった不動産会社は不明だったため、不動産購入を了承した理事会では、不動産会社を明らかにするよう一部の役員らが要求して一時紛糾したという。

2003年5月に開かれた臨時総会の資料などによると、当時の日Pが入っていた東京・新橋の賃貸ビルの賃料を50万円から70万円に引き上げるという申し入れがあり、土地と不動産を購入すれば会議室を借りる費用を節約できることなどが説明されたという。

資料に付された「不動産売買契約書」によると、購入対象となった物件は3階建て（敷地面積約150平方メートル、延べ床面積約300平方メートル）で、土地代は1億3500万円、建物代は4200万円、計1億7700万円となっている。A4サイズで1ページ分のこの契約書には、不動産会社名は記載されていなかった。

結局、提案通りに東京・赤坂の土地・建物を1億7700万円で購入し、東京・新橋の賃貸ビルから移転したものの、その後も、以前と同じように会議会場としてホテルを借りることが続いた。購入した会館には会議を開くのに十分な広さがなかったことや、「地方から出てくるので、総会ぐらいは質素な会館ではなく東京のホテルのほうがいい」という理事たちがいたからだという。

購入当時の経緯や、領収書・契約書の有無、不動産会社、現在のPTA会館の維持費などについて、2020年2月中旬に再度、日Pに問い合わせたが、期日までに回答はなかった。電話を入れると、対応した事務局員は「誰が回答者か言えない。いつ答えられるか分からない」と繰り返した。

以前、不動産購入を決めた当時の日P会長に取材したとき、「PTAの象徴として、建物は意義があった。理事会も総会も通したので、手続きには問題はない」と答え、当時の事務局長も「きちんと手続きを踏み、理事会も総会も通ったので問題はない」と答えていた。

日Pが現金一括払いで会館を購入してから6年後の2009年、日Pは「少子化で将来的に安定した事業の運営ができない」ことを理由に、下部のPTA連合会から徴集する会費を、各小・中学校に在席する子ども1人あたり6円から10円に引き上げた。これを受けて各地のPTAの上部団体や単Pでは、PTA会費や「上納金」を引き上げるところが出てきた。それでも、PTA会費の一部を上部団体に「上納」していることがほとんど知られていなかった当時は、あまり話題にならなかった。購入後、日P会館は老朽化した。雨漏りや漏電などの修繕費として1000万円以上かかったという。

この土地と建物の前の所有者は、ある学校法人と会社だった。その学校法人と会社を成立した女性は、ある元文部科学大臣の旧知の間柄だったことが、取材を進めるなかで分かった。赤坂の建物を日P会館用に購入した当時の日P会長に対して、この件について確認すると、「元の持ち主が学校法人だということは知っていたが、代表は知らない」と話した。当時、文科省は年間数千万円の補助金を日Pに出していた。東京にあまたある物件の中から、日Pがこの建物をたまたまPTA会館に選んで買ったのだとしたら、驚くほどの偶然というしかない。

日PのOBにも「日P不要」の声

各都道府県などの連合体の会長たちを見ると、日Pとの距離感はそれぞれだ。だが、保護者代表という矜持は共通して持っているはずだ。かなりの時間を割いて活動し、PTAに問題があると分かっていても簡単には変えられないという苦悩を抱えている人も少なくないだろう。当該年度の事業を推進しなければいけないという責任感とプレッシャーは相当なものだろう。PTA界のエリートのように見えても、内心では違和感を抱えている人たちもいる。

複数年にわたって日P幹部を務めたある元PTA会長は、次のように話してくれた。

「日Pも県Pもいらないと思います。「文科省とのパイプ」と言うけど、それもいらない。今の時代、情報は表玄関から取れるし、ネットでつながっていたらいいんです。PTA間で連携するにしても、同じ課題を持っているところ同士でつながることもできる。かつての文科省の補助金とか、上部団体から集める会費とか、PTAにはすごいお金が流れ込んでくる。それなのに、上部組織になればなるほど情報開示がされていなくて、一番「使いやすい」金になっていることが問題だ。役員たちはみな限られた短い時間で、組織の全貌を把握するのは無理。仮に何か疑問に思っても、それを追及する時間はないし、どんなによい意思を持つ人が会長になっても、何かを変えるということはできないだろう。専従の少なさの割に、大きなお金が動き過ぎている。文科省や日P役員のOBたちは、現役以上につながってPTAの周りにいることも問題だ。日Pがなくなっても問題はない」

日Pや県Pなど上部団体に対し、経験者として厳しい目を向けているこの元会長は、こう言葉をついだ。

「自分がPTA会長をしていた小学校にいま、孫が通っている。けれど児童の数は当時の半分だ。子どもが少なくなるなかで、PTAにこれまでと同じようにいろいろなものを背負わせるのは無理だと思う。孫たちにまで同じ問題を引き継がせたくないという思いで、あなたに話しています」

日P理事の経験がある元PTA会長も、「日Pや県Pはいらないんじゃないかなと思っていた。子どものためというより、誰々が会長にならないように誰々を推薦しようとか、政治的な関心を持っている人が多かった。県P会長職だけで平日の2、3日を取られ、仕事に差し支えることもあった。普通の会社員とかの仕事だったら、なかなかできないよね。それでいて、日Pの全国大会では、単Pの活動に使えるような話はない。これが役に立つのかなという振り返りが、常に必要だと思う」と話してくれた。

この元PTA会長は、PTAのあり方について、次のように語ってもいた。

「「やりたい人がやれる活動」って、もうPTAじゃないでしょう? やる気のある人だけでやってしまうと、多様な親は集まらない。子どもたちは本当に多様で、先生たちは普段からそれに対応してくれている。PTAも多様であるべきだし、何らかの理由で参加できない人にも居場所や発言機会があるようなものであってほしい。そうでないと、PTAに疑問や批判がある人は離れてしまう。PTAで実際にやってくれるのは女性が多いのに、上部団体になるほど男が増える。そして政治的な動きをしてしまう。PTA会費を上納金のように上部団体に納めていることを会員たちは知らないけど、集まった予算でイベントを成功させて喜ぶときにも、集めたカネだという意識を持っていないとだめだ。そしてまた会員からの批判にも、日P会長は率直に向き合って、丁寧に答えていく必要があると思う。結局、研究大会とか講演会とか、そんな大きな活動しなくても、クラス単位で年に何回か、先生と保護者たちが懇談できていればそれでいいんじゃないかなと思います」

取材を通して、日Pの元会長たちや役員など日P関係者30人以上に会うことができた。その中で出てきた、日P不要論。PTA改革を口にすると、「文句を言うならやってみてから言えばいいじゃない」と言われがちななか、実際に役員を務めた人たちからの言葉にも、耳を傾けてもらえればと思う。

第4章

「大きなＰＴＡ」はどこへ行く？

１　「親学」とＰＴＡと現実政治と

ＰＴＡについて書いた記事を読んだ読者から、「子どもを家に置いて講演会に出なければいけないのが苦痛、動員されてまで聞きたくない」「学校外の教育イベントに出席する係になったが、出られないときには代役を立てる必要がある」などのお便りを何通かもらった。

それで、ＰＴＡが主催する講演会にはどのようなものがあるのか、調べてみたことがある。２０１２年のことだ。すると、２００７年あたりから数年のあいだで、全国のＰＴＡ連合会や教育委員会主催の講演会で「親学（おやがく）」という見慣れない言葉が急増していることに気づいた。

「親学」というのは、高橋史朗という教育学者が提唱した親向けのプログラムで、「親が変われば子どもが変わる」を合言葉に、親の心構えを説くもののようだった。その時点でインターネットでざっと見ただけでも、高橋氏は２００７年以降、仙台市ＰＴＡ協議会、山梨県ＰＴＡ協議会、市川三郷町ＰＴＡ連絡協議会、蒲郡青年会議所・市小中ＰＴＡ連絡協議会と教育委員会、埼玉、千葉、兵庫、福岡、熊本各県内のＰＴＡ協議会、神奈川県ＰＴＡ協議会などの主催または後援で、講演会をしている。ＰＴＡでは「親学」がトレンドなのだろうか。高橋氏はとても精力的に全国を飛び回っている印象だ。

「親学」の圧倒的な存在感

2012年6月末の土曜日、「第一回　親の学び・親育ち支援ネットワーク」という勉強会にその高橋氏がやって来るというので、取材に向かった。

この日の勉強会には、PHP研究所教育研究部長で親学推進協会常務理事を務める大江弘氏らが中心となり、親向けの子育てプログラムなどを紹介する20団体が出席。この会では、ゆるやかなネットワーク作りを目指すという。

文科省からも2人参加しており、「どのようにしたら活動を紹介してもらえるのか」「補助金をもらうにはどのような申請が必要か」という質問に、「個別の団体を取り上げることは難しい」「団体への補助金というかたちではやっていないが、自治体での活動に対し、国が3分の1、自治体が3分の1ずつ予算を計上している。講演会の講師の謝礼金などに活用してもらえると思う」と回答していた。

30分ほど遅れて勉強会にやってきた親学推進協会の高橋氏は、「学校を、地域の親や子どもが集い、親としての育ちを図る「親学の拠点」として活用できるよう、施設・制度の整備を進めることなどを提案している。平成19年1月には政府教育再生会議の1次報告に、親になる全ての人に「親学」を学ぶよう明記された」と挨拶した。

この日の勉強会に参加した団体の中で、学校を拠点として活用できるように提案したり、教育再生会議の一次報告に明記されたりしているような団体は親学推進協会の他になく、ゆるやかなネットワーク作りを目指すという割には、親学の存在感は圧倒的だった。

勉強会の席上、親学関連では、宇都宮市で開催される「とちぎ「親学」推進セミナー」の資料も配られ、それを読んでみると、セミナーの目的として、「高橋史朗氏・国会議員連盟とＴＯＳＳが推進している親学の大切さを広く訴えていく」「発達障害児に効果があるという日本の伝統的な教育指導法の復権を図る」ことなどが挙げられていた。

ＴＯＳＳ[★1]（東京都品川区）というＮＰＯの名前をそこで初めて知った。勉強会のあと、会場で名刺交換をすると小学校の教員をしているという人が2人いたが、その名刺には山梨の公立小学校の名前と、「ＴＯＳＳ」の文字が一緒に印刷されていたのが少しひっかかった。

「親学」の勉強会に参加

この日の取材を終えて私は、「親学」のことをもっと知りたいと思い、勉強会に参加してみることにした。記者として仕事をする日々、子どもとの時間は思うように取れておらず、自分はよい母親ではないと心苦しく感じていたこともある。7月に入って、愛知県のある市の教育委員会が主催し、その市の小・中学校ＰＴＡ連絡協議会が共催というかたちで開かれた「親学講演会」に出かけた。

よく晴れた日曜日、市の文化センターには母親たちが続々と集まってきていた。ＰＴＡの研修会を兼ねているという。会場の受付には記帳台があり、保護者向けには小・中学校の校名の下に約４名ずつ参加者の名前を書く欄があって、どの学校から何人出席したのか、それが誰なのかが一目で分かるようになっている。

ちなみに、第１章で説明したＰＴＡの「一人一役」で講演会などに出席する係になった人などの場合、興味や時間があるかどうか事前に確認されることはあまりなく（興味がないから、忙しいから行かない、は認められない）、実態としては動員に近い。ＰＴＡによっては、無断欠席した会員が注意されたりするため、都合が悪いときには代わりの人を探さなくてはならない。

★１――ＴＯＳＳは、Teacher's Organization of Skill Sharing の略。東京都の公立小学校教諭だった向山洋一氏が、「優秀な教師」が持っている教育技術の普及を目的に１９８３年に立ち上げた「教育技術の法則化運動」がその前身とされる。教員のサークルや、教職を志す学生のＴＯＳＳ関連のサークルが全国に７００以上あり（団体の名称にＴＯＳＳと入っていないところも多い）、約1万人が関わっていると推定される。コロナ以前には、毎週のように全国のどこかで勉強会が開かれていた。オフィシャルサイトによると、インターネット上で教師たちが教育技術を共有できるように立ち上げた「ＴＯＳＳランド」というポータルサイトに、「各教科の授業案から、学級経営の技術や特別支援教育などさまざまな分野にわたってのコンテンツが2万以上登録」されていて、現在、アクセス数は「累計で約1億3千万、1ヶ月に２００万のページビュー」だという（２０１６年12月22日閲覧）。

この日の勉強会で講師を務めたのは、親学推進協会の会長（当時）で共立女子大名誉教授、そしてエッセイストでもある木村治美氏で、「親育ちからはじめよう～親が育てば子も育つ」という演題だった。会場を見回すと、参加者は数百人はいただろう。そのほとんどが女性だった。

例えば、そこではこんな話があった。

ある私立学校では、学校に来て一人きりになった子どもが、雑巾を取り出して見るたびに「お母さんが、お父さんが作ってくれた」と思うことが、子どもにとって救いとなると考えて雑巾を縫ってやってほしいと保護者に伝えた。ところが、市販の雑巾を持たせる親がいるので、今度はあえて市販されていない寸法を指定したところ、市販の雑巾を寸法に合わせて切って持ってくる。

「それで、今度は園長先生が「男の子は黒い糸で、女の子は赤い糸で、雑巾を縫ってきてください」と指定したら、どうなったと思いますか？　市販の雑巾のミシン目を赤いマジックで塗るわけです」

この発言があったとき、「そうだよね～」と会場は初めて沸いたが、続けて「だけど、それで見かけはできるかもしれないが、心の問題としては大変間違った子育てをしていると言えるのではないでしょうか」と問題提起されると一瞬で静まり返ったことが、強く印象に残った。

市PTA連合会の会長は「梅雨時の貴重な晴れ間に来てくれてありがたい」と挨拶したが、私は、天気のいいせっかくの日曜日に急いで家事を片付け、子どもを家に置いて、心ならずも参加している母親もいただろうと同情した。私じしんは取材が主目的だったが、講演を聞いているうち、個人的な経験や価値観をもとに説教されたような気分になった。もちろん、何らかの学びを得て帰宅した参加者もいただろう。

私はといえば、いよいよ謎が深まった。

子育て中の親向けプログラムには、海外から紹介されたものも含めていろいろあるというのに、この「親学」だけがどうして、全国のPTAのあいだでこんなに広がっているのだろう?

「親学」で調べてみると、他にも「親学推進セミナー」の開催を予定しているところがあった。そこに取材に出かけた私は、親学の意外な一面を見た。

「親学」と自民党政治家とTOSS

2012年10月、山口県下関市の海峡メッセホールで開かれた「山口県親学推進セミナー」は、山口県親学推進委員会が主催、親学推進議員連盟、NPO法人TOSSなどとの共催だった。文科省、下関市、下関ＪＣ、神政連[★2]山口県本部などが、後援団体として名を連ねている。

前回、取材した親学の勉強会は、教育委員会が主催で、ＰＴＡ連合会との共催というかたちで、参加者のほとんどは母親だった。それとは打って変わって今回は、ＰＴＡの文字もなく、就活生のような紺のスーツを着た若い男女の集団が多く、母親たちの姿はほとんど目にしなかった。議員バッジをつけた人、子どもというより孫がいそうな年配の人たちの姿もちらほら見かけた。

安倍晋三元首相が親学推進議連の会長で、地元・山口県の親学推進委員会名誉会長として登壇することは知っていたが、申し込んだ時点では、私には第1次安倍内閣を退陣した人というイメージが強く、それほど興味をそそられなかった。しかし、安倍氏はこのセミナーの数日前に、おおかたの予想を覆して総裁選の決戦投票で勝利を収め、自民党総裁に返り咲いていた。のちに雌伏時代と呼ばれることになる5年半が終わりを迎え、第2次安倍政権発足を目前にしていた安倍氏の登壇を、会場の聴衆は大歓声で迎えた。この日の主役は間違いなく安倍氏だった。

登壇した安倍氏は、「私が総理大臣のときに教育基本法を改正しました。教育に対して一義的に責任を持つのは家庭ですが、家庭教育を国が支援していくことを書き込んでいます。

それが十分に、具体的に実行されていないなかで、親学を推進していく」と述べた。

ビデオ出演した高橋史朗・親学推進協会理事長は、「今なぜ親学か」と題して、次のように話した。「全国の行政にかなり大きな動きが出ている。親育て、子育て支援、親が親として成長していくことが大事だという考え方が盛り込まれてきた。あるいは個別の自治体でいくと、私が教育委員長をしていた埼玉、また森田健作知事の千葉県も、親学の提言を盛り込んだ。県議会レベルでは熊本で3回講演した。また大阪市でも。行政によって「親の学習」という名称を使っているところもあるし、親学が多くの行政に入ってきている。（中略）沖縄県石垣市や浦添市などでも広がっている」

この日の講演会の共催団体であるNPO法人TOSSは、小・中学校の教師の集まりだ。TOSSのホームページを見ると、「TOSS熱海合宿」や、新卒教師向けの「TOSS教え方セミナー」のコーナーに、内閣総理大臣名義で安倍氏から届いた応援メッセージの電報が大々的に掲載されていた。TOSSの会員には、公立小・中学校の先生たちも多い。

★2――神政連は神道政治連盟の略。結成は1969年。憲法改正などに取り組んできたが、95年、政治団体の解散を旧自治省に届け、国民運動の推進団体を名乗り始めた。藤生明記者の「（現場へ！）神社本庁を考える：3」（「朝日新聞」2021年4月14日、夕刊）によると、「自らを「国民運動推進団体」だと言い、「政治団体として特定の政治家や政党に対して政治献金をおこなうなどの活動はしていません」と答えた」という。

ＴＯＳＳは親学や後述する「親守詩（おやもりうた）」にも協力的だ。熊本県で家庭教育支援条例が２０１２年に制定された際には、「県議会で家庭教育について計6回、県議に質問してもらったほか、この年の熊本県議会の文教治安委員会で、保護者の協力を得るにはどうすればいいか、現場の教師として意見を述べたり、自民党県連で行われた条例作成会議に参加して話をしたりした」と、２０１３年に埼玉県で開かれた親学推進セミナーで、熊本から来たＴＯＳＳの教員が発表していた。

２０１５年11月には、ＴＯＳＳが、安倍氏の側近で元文科相の下村博文氏が代表を務める自民党支部に対して10万円の献金をしていたことが報じられた。特定の政党や政治家をＮＰＯ法人が支持することは法律で禁じられている。そのときＴＯＳＳは、「問題はないと認識しているが、そもそも法人の代表の献金であり、個人の献金として訂正してもらうよう要請している」とコメントした。

親学セミナーの会場に話を戻そう。その「法人の代表」である向山洋一氏が登壇すると、「先日、東京プリンスホテルで開かれた下村博文先生のパーティーに出席してきた。下村博文先生、山谷えり子先生、馳浩先生、まとめてすばらしい先生方で、文部行政をやっていただけたらと心から思う。子どもたちと親と手をたずさえながら、素晴らしい日本を取り戻していく。そのために、その先頭に安倍内閣が立ってほしい」と、安倍氏をはじめとする自民党政治家らを持ち上げた。会場にたくさんいた、就活スーツのような姿の若い人たちはＴＯＳＳの教員たちだった。

セミナーのプログラムの中には「親守詩」コンクール表彰式もあった。

親守詩というのは、親学推進協会会長の高橋史朗氏が考案・提唱した、子が親への気持ちを詠んだ詩のことだ。日本青年会議所のフェイスブックの説明（２０１８年2月22日）によると、「子守唄は親から子へだが、その逆に親への報恩感謝の思いを表現する試みもあってよいのではないか」という高橋氏の思いをきっかけに、２００４年に公益社団法人松山青年会議所が主催した事業として始まったのだという。「朝日新聞」２０１７年11月21日付の記事「「親守詩」子が親に詠めば…」（「「教育再生」をたどって：２」杉原里美記者）によれば、上の句（５・７・５）を子どもが詠み、下の句（７・７）を親が詠む「連歌」は、埼玉県の教員らでつくるＮＰＯ法人「子どもの夢ＴＯＳＳ埼玉」のアイデアだという。

ちなみに、この日の親学セミナーで安倍晋三賞に選ばれたのは「（子）お母さん　ケンカしてても　話したい（親）同じ気持ちで　思っているよ」という作品で、向山洋一賞に選ばれたのは「（子）お父さん　長生きしてね　おねがいね（親）そろそろ禁煙　してみようかな」という作品だった。

安倍氏とともにこの日、登壇していた馳浩衆院議員は、壇上で安倍氏にむかって冗談交じりに「ぜひ私を文部大臣にしてください」と述べ、私は、おおこれが猟官運動というものかと感じいった（のちに馳議員は第3次安倍改造内閣で文科大臣に就任した）。

「親学推進セミナー」という名前から、この日のセミナーは、その前に取材に行ったPTA連合会の「親学講演会」の大がかりなものかと想像していたが、かなり違っていた。私は、そこで提供される情報量の多さと、会場に満ちあふれる熱気と、親学を推進しているらしい顔ぶれに「どこまでが「親学」なのか……」と戸惑いながら帰路についた。

後日、馳氏もまたTOSSの活動の、よき理解者であることを知った。TOSS金沢の会員らと懇談した時のことを、フェイスブックで、次のように書いている。

「TOSS金沢のみなさんと、「家庭教育支援法～家庭教育支援条例」の進め方について懇談。石川県ではまだ、50名ほどの会員しかいないTOSSの活動。教育委員会や指導主事からは、邪道?新興宗教扱い?されている。しかし、ボランティア活動推進や特別支援教育支援活動をしてきた経緯から、TOSS活動を応援している事実を申し上げる。教員は、実践研修あるのみ」（2012年5月22日）

下関市で10月に開かれたセミナーから2カ月後に第2次安倍政権が発足した。8年間にわたる長期政権となったが、その間、「親学」やその流れをくむ「親としての学び」「親学び」「親守詩」などが日本中に広がっていった。

「親学」誕生の経緯

この「親学」は、どのようにできたのだろうか。

「日本会議」という、1997年に設立された政治運動団体がある。「新憲法」の制定を主要目標の一つに据えた保守系の団体で、多くの国会議員が所属し、安倍氏もその一人だ。

2000年ごろから日本会議は、「教育界の憲法」とも言われた教育基本法の改正に取り組むようになった。当時、教育基本法改正をめぐる中心的な論点は「愛国心の涵養」、「道徳の教科化」などで、いずれも学校での教育のあり方に直接影響を与えるようなものだった。けれど、2006年に改正された教育基本法は、保護者だけでなくPTAにとっても大きなターニングポイントとなるような内容だった。

[旧法]

第七条（社会教育）　家庭教育及び勤労の場所その他社会において行われる教育は、国及び地方公共団体によつて奨励されなければならない。

[新法]

第一〇条（家庭教育）　父母その他の保護者は、子の教育について第一義的責任を有するものであって、生活のために必要な習慣を身に付けさせるとともに、自立心を育成し、心身の調和のとれた発達を図るよう努めるものとする。
2　国及び地方公共団体は、家庭教育の自主性を尊重しつつ、保護者に対する学習の機会及び情報の提供その他の家庭教育を支援するために必要な施策を講ずるよう努めなければならない。

第一三条（学校、家庭及び地域住民等の相互の連携協力）　学校、家庭及び地域住民その他の関係者は、教育におけるそれぞれの役割と責任を自覚するとともに、相互の連携及び協力に努めるものとする。

もともと「家庭教育」は、それぞれの家庭に任されていた。それが教育基本法の改正によって、国や自治体は「保護者に対する学習の機会及び情報の提供その他の家庭教育を支援するために必要な施策を講ずるよう努めなければならない」こととされた。それによって国や自治体は、家庭教育に介入する口実を得たとも言えるだろう。
改正第一三条にある「学校、家庭及び地域住民その他の関係者は」という文言も注意が必要だ。「その他の関係者」とは一体、誰のことを指すのだろう？　「地域住民」の「関係者」だと解釈するなら、そこに含まれないような人は一人もいない。年齢も、結婚しているかどうかも、子どもの有無も、自治会に入っているかどうかも関係なく、ひとしく「関係者」だ。こうした人びとも、「それぞれの役割と責任を自覚」し、「相互の連携及び協力に努める」ことを、改正後の教育基本法は求めているということだ。

この教育基本法改正を「最大の成果」と位置づける日本会議は、第一〇条が新設されたことで、「親の教育力」を尊重する子育て支援へと移行したと評価、論点として次のようなものを挙げる。

「「すべて学校任せ、万引きも教師が対応」という現状から、「生活習慣の習得や躾は親の責任、非行も親がまず責任をとる」方向へと改善される」
「今後は、「家族の日」制定、自治会・町内会など地域の子育て支援ネットワークづくり、家族と一緒に過ごす時間を確保する勤務体系の導入などが図られる」
「家庭教育支援のため、父親と母親の役割を自覚させる「親学」を普及させる」
（日本会議のホームページ内「新教育基本法で何ができるようになったか　平成19年3月15日」）

高橋史朗氏が親学推進協会を立ち上げたのは、改正教育基本法が国家で可決・成立してからわずか1週間後の２００６年12月21日のことだ。高橋氏は親学推進協会ホームページ内の「ご挨拶」で、「教育基本法で制定されたから親学が必要」なのであり、「『親学』は個人が考え出したものではなく、国レベルの会議で論議が重ねられ、時代の要請として出現したもの」と説明している。準備は周到に進められていたと言えるだろう。

「親学アドバイザー」養成もその一つだ。一般向けに養成講座を開催し、受講時間を満たしてレポートを提出した人の中から、「親学アドバイザー」を認定する。テキスト代別で2万5千円を支払い、講座を受けて親学アドバイザーになれば、教育委員会やＰＴＡの講演会などから講演依頼が来ることもあり、教育委員会やＰＴＡなどから謝礼金が支払われることもあるという（教育委員会が支払うそれは、もともとは税金だし、ＰＴＡが支払うそれは保護者から徴収した会費が原資だ）。各地の私立幼稚園や地方議員などを中心に、親学アドバイザーを取得する人が急速に増えていった。自治体によっては「親になるための学び」「親としての学び」などの名称を用いているところもあるが、これらは親学の流れをくむものだ。「親守詩」も関連している。

２０１２年4月10日、安倍氏を会長とする「親学推進議員連盟」が発足した。設立総会にはＴＯＳＳの向山氏も出席。事務局長には、のちに文科大臣に起用される下村博文氏が就任した。安倍氏や下村氏が呼びかけ人となった親学推進議員連盟の設立趣意書（12年4月10日）は次のように述べる。

かつて国や行政は家庭に介入してはいけないとされてきた。しかし、子供の「育ち」が著しく損なわれている今日、子供の健全な成長と発達を保証するという観点に立脚して、この教育基本法第10条が求めている施策の実現が国及び地方公共団体の急務といえる。

他に責任を転嫁しないで、自分が変わる（「主体変容」）ことによって、大災害などの国家的危機を乗り越えてきた、日本人の精神的伝統を親学として蘇らせ危機に瀕する日本の教育を再生していきたい。このような時代の要請に応えるため、党派を超えた親学推進議員連盟を結成する。

親学推進協会が発行するメルマガによれば、親学推進議員連盟は、1970年代の大平政権下の「家庭基盤充実のための提言」で示された「家庭基盤充実対策本部」の再現を目指して結成されたという。この「親学推進議員連盟」という存在からも、親学がいかに現実政治と深く結びついているかが分かるだろう。

真の狙いは「家庭教育推進法」制定？

安倍氏が首相に復帰して約2年後の２０１4年1月28日の夜、ジャーナリストの櫻井よしこ氏が理事長を務める国家基本問題研究所の月例研究会を取材するために、私は東京・平川町にあるホテルへ向かった。

この日の研究会が「親の責任、国の責任～日本の教育を取り戻す～」と銘打たれていたこと、親学推進協会会長の高橋史朗氏も参加することに興味を覚えてのことだった。

壇上には安倍氏の側近で当時文科相だった下村博文氏や文教族議員の義家弘介氏もいた。現東京都知事の小池百合子氏からの祝電が紹介され、親学推進議連の事務局を務めていた参院議員の山谷えり子氏はケガをしたということで、遅れて車いすでかけつけた。「親学」一色の研究会の中で、桜井氏から「わが国の教育のホープ」と紹介された下村氏はこう訴えた。

「自民党が野党のとき、これから家庭教育を充実していく必要があるという趣旨で高橋史朗先生に支援してもらいながら、私が事務局長、安倍現総理が当時会長になって超党派の「親学推進議員連盟」を立ち上げました。１００人ほどの議員連盟でしたが、この中で、家庭教育支援法をつくるべく勉強会を重ねてきました」

この発言からは、親学を推進することよりも、家庭教育支援法を制定することのほうが、はるかに目標として重要だということがうかがえる。

2012年は、家庭教育支援条例の制定が各地の自治体で続いた。同年5月、大阪市議会で「維新の会」が家庭教育支援条例案を提出したが、そこに「発達障害は伝統的子育てで予防できる」という記載があったことで問題となり取り下げられた。けれど、同年12月に熊本県でこの条例が制定されたのを皮切りに8県8市で条例が成立。「親になるための学び」「親としての学び」（親学）の実施や、「親守詩」都道府県大会・全国大会の開催が実現したという（『親学推進協会メールマガジン』第122号、2020年4月13日、以下『親学メルマガ』と表記）。

まず地方自治体で先行して条例のかたちで広げていき、その後、国での制定を実現させることを目指しているように見える。

もしこの法律が成立したなら、「家庭教育は何を目指すのか」「家庭教育の具体的な内容とは？」などをめぐる自由な議論がなされないまま、全国各地で実績があるからという理由で、親学が推進されていくのではないだろうか？　いつの間にか家庭教育は「親学ありき」となってしまい、子どもの権利や個性を尊重した多様な子育ては好ましくないとされ、排除されてしまうのではないか。そんな懸念を私は持ち続けている。

『親学メルマガ』（第60号、2015年1月15日）によると、「すでに熊本県と鹿児島県で制定されているが、地方公共団体は、「家庭教育支援（推進）条例」を制定し、同条例に基づく「家庭教育支援（推進）計画」を策定する必要がある。条例には、都道府県の責務、市町村との連携、保護者・学校の役割、地域活動団体（ＰＴＡ、自治会、子ども会、地域婦人会、その他の地域で活動する団体）・事業者の役割、財政上の措置について明記する必要があろう」としている。

ここで注目したいのは、ＰＴＡが重要なプレイヤーの一つとして位置づけられていることだ。それだけでなく、自治会や子ども会など、ＰＴＡと同じような問題を抱えている団体が、「地域活動団体」という名のもとで、ひとくくりにされている。そして、高橋氏は、さまざまな場所で、幼稚園、保育園、学校を親学の拠点にと訴えていることも付け加えておきたい。

「親学」提唱者の来歴

『親学メルマガ』（第１２２号）によると、現在、笹川良一氏の三男、陽平氏が会長を務める日本財団は親学の普及のために、「9年間にわたって約1億２０００万円の助成をし」たという。そして、日本財団から強力なバックアップを得た親学推進協会は、全国の保育関係者に「親学講演」を行った。また、１０００人を超える「親学アドバイザー」を誕生させている。

安倍元首相のブレーン・伊藤哲夫氏が代表を務める日本政策研究センターが、地方議員を対象とする政策勉強会をしたときも、「家族の絆を取り戻し強化するため、三世代同居を推進する税制や支援策を増やす」などの問題提起とともに、「自治体主催の親学講座を増やすように働きかける」ことを挙げていた。

これらの動きを見ると、「親学」の提唱者である高橋史朗氏とはどのような人物なのか、改めて気になってくる。

高橋氏は現在、麗澤大学大学院特任教授。長らく明星大学の教授を務めてきた（ちなみに明星大学は「教育の明星大学」をうたい、同大によれば２０２０年度は４４３名が教員として採用され、教育採用者数を公表している通信教育課程の大学の中ではトップクラスだという）。２００４年には、上田（うえだ）清司（きよし）・埼玉県知事から、県の教育委員に招聘され、07年10月には教育委員長に就任している。憲法改正運動を進める日本会議の政策委員を務め、「新しい歴史教科書をつくる会」元副会長で、教育基本法の改正運動にも取り組んできた。

『親学メルマガ』には、「歴史戦」「正しい歴史認識」などに関する高橋氏の意見が繰り返し掲載されている。私が最初に取材した親学セミナーで講師を務めた木村治美氏も、日本会議とつながりがあるとされる「美しい日本の憲法をつくる国民の会」の代表発起人だった。こうなると、もはや親学は、民間が手がける親向けの、政治的に中立な子育てプログラムではなく、政権が推進する活動のようにも見えてくる。

先述したように、高橋史朗氏は埼玉県の教育委員、教育委員長を歴任していて、そのせいか、埼玉県では親学関連のセミナーが盛んに行われている。その埼玉県で２０１３年に開催された日Ｐの全国大会では、高橋氏が立ち上げてから7年目となる「親学」が登場した。分科会「家庭教育シンポジウム」で、明星大学教授の肩書で高橋氏が基調提言を行ったのだ。日Ｐの全国大会用の資料から、紹介したい。

「情緒不安定で衝動性・攻撃性が激しく、目を合わせられない幼児が増えています。便利で効率的な近代的子育てシステムが、親子の心の絆を引き裂き、わが子を「愛せない症候群」の母親と児童虐待の急増をもたらし、精神的孤児を生み出す元凶になっているのではないでしょうか」

さらに「真の男女共同参画社会の実現、真の子育て支援の最重要課題は、家庭と子育てに「心のぬくもり」を取り戻し、手づくりの子育てのプロセスを省略する経済・効率優先主義ではなく、家族の「心の絆」を深め、家庭と子育てに人間性を回復すること」であり、「この「親学」を全国のＰＴＡに広げ、「親が変われば子は変わる」を合言葉に、「親が幸せになれば子は幸せになる」証を全国各地で立てていこうではありませんか」などとしている。

「親学」の普及に熱心なＰＴＡ団体

実際、親学やその関連プログラムの普及活動を熱心に行っているＰＴＡ団体もある。例えば、富山市ＰＴＡ連絡協議会の広報紙（２０１７年９月）は次のように述べる。

「保護者の方々は、ご自分の学校のＰＴＡ会長や校長先生・教頭先生に「親学びやりましょう！」と声を掛けて下さい。多くのＰＴＡ会長は富山市Ｐ連の研修で親学びを体験されています」

その上で、どのように普及活動を行ったらいいか、具体的にアドバイスしている。

「学校行事として必須ではありませんので声を上げなければ始まりません。親学びを実施するタイミングとしては、就学時健康診断、新入生説明会、授業参加後の懇親会、ブロック会議の一部、役員会のあと、ＰＴＡ教育講演会の一環としてなどなど、保護者の集まる学校行事は年に数回あります。そのタイミングを先取りして計画を立てるのが実施するポイントです」

ここまで読んで、「いやいや、ＰＴＡが企画したって、嫌なら行かなければいいだけのことでしょう」という人もいるかもしれない。

けれど、ＰＴＡ会員にとって、それはそう簡単なことではない。地域にもよるが、特に母親にのしかかる同調圧力は想像以上に大きい。

そもそも、教育委員会やＰＴＡ協議会がいったん決めた講師やテーマに疑問があっても、それを伝える回路はない。ＰＴＡ会員の中から一人でもその講師がいいとの要望があったことになれば、上から押しつけられたとは言えなくなる。

それだけでなく、ＰＴＡ連合会から、何人動員してほしいと要請があれば、下部組織である単Ｐとしては穴をあけるわけにはいかない。こうして、講演会に出席する係（！）になっている会員などに参加するよう声をかけていく。駆り出された会員は、心の中では行きたくなくても、無断で欠席すれば、単Ｐの会長が上から文句を言われるかもしれないし、自分も非難されるかもしれない。こうした相互監視があるから、いくら参加したくなくても、そう簡単にはいかないのだ。

ＰＴＡも「親学の砦」に？

先ほど述べたように、親学という運動は、政府・自民党と太いパイプを持つ。そして日Ｐは、全国の保護者の代表であるかのように振る舞いながらも、実際には個々の会員が何を思い、どうして欲しいと願っているかに、ほとんど耳を傾けようとしない。しかも、日Ｐの役員などは、文科省の中教審の委員を務めるなどし、教育政策に異を唱えるどころか、場合によっては、政権の意を汲んだ言動をしがちだ。少なくとも、現状ではそうだ。

２００６年に教育基本法が改正され、「地域住民その他の関係者は、教育におけるそれぞれの役割と責任を自覚するとともに、相互の連携及び協力に努める」ことが求められている。そして13年4月に熊本県で家庭教育支援条例が施行されたのを皮切りに、各地で類似の条例が制定されるようになった。政府・自民党が、家庭教育支援法の成立を目指していることは、先に述べたとおりだ。こうした流れのなかにＰＴＡはすでに巻き込まれ、一定以上の役割を果たすよう期待されている。

これら一連の動きは、何を意味しているのだろう？

「家庭の教育力の低下」が繰り返し強調され、「教育の憲法」とも言われた教育基本法が改正され、国による家庭教育への介入を危惧する声が高まった。実際、一部のＰＴＡ役員は反対の声を上げたが、改正に前のめりだったP連会長もいる。「（日Ｐが）中教審に組み込まれたことは、そもそも教育基本法改正を見越した動きだった」と見る文科省の関係者もいる。

そして今、「伝統的家族」を称揚する自民党議員らを中心にその実現を目指すのが、ここまで何度も述べてきた家庭教育支援法の成立だ。

幼稚園関係者や自治体、地方議員などのあいだで広がっている「親学アドバイザー」は、主婦たちに家事教育の指導者になってもらおうと、ナチス・ドイツが本格的に制度化した「マイスター主婦」と、どこか似ているように思えてならない（藤原辰史『［決定版］ナチスのキッチン』３２４―３２５頁）。

首長や教育委員会が親学を推進し、ＰＴＡ団体を通じて保護者を動員しているときに費やされるＰＴＡ会費や自治体、国の教育予算としての税金には、もっと他の使い道があるのではないか？　そんな疑問の声はかき消され、「善意」の団体・ＰＴＡは、親学のよき理解者として、そして「親学の砦」として期待されているようだ。

なお、「森友学園問題」で有名になった塚本幼稚園は、籠池泰典（かごいけやすのり）氏が園長だったときに「親学講演会」を何度も開き、親学推進協会理事長の高橋史朗氏も講師として招いていた。これについて高橋氏は『親学メルマガ』（第86号、２０１７年3月16日）で、森友学園の教育方針などについて毎日新聞から取材を受け、それにどう回答したかを披露する形で、「親学推進協会が全く関知しない「親学講演会」が開催されていることを報道で知り、驚いております」「森友学園の教育方針と親学推進協会が推進している「親学」との関係が不明のため、コメントできません」などとしている。

コロナ禍に見舞われた２０２０年において、親学の高橋史朗会長は『親学メルマガ』（第１２２号）で、次のように述べている。

「4月7日に緊急事態宣言が発令され、国難を迎えているが、親学推進議員連盟設立趣意書にあるように、「他に責任を転嫁しないで、自分が変わる（「主体変容」）ことによって、大災害などの国家的危機を乗り越えてきた、日本人の精神的伝統を蘇らせ」、大人自身が自制する行動選択の模範を子供たちに示していこう。強制力のない自粛要請でコロナウイルスの感染拡大を阻止できるか世界が注目している。日本の民度が問われている」

この時期は、コロナへの不安が高まる一方で、場当たり的な休校要請や、不十分な医療従事者への支援策、他の先進国と比べて見劣りのする休業補償体制などがあらわとなり、市民の不満が高まりをみせ、政府のコロナ対応は批判を浴びていた。多くの市民が苦しむコロナ禍の中で、メルマガとはいえ、「他に責任を転嫁しないで」「日本人の精神的伝統を蘇らせ」などと会員を鼓舞し、「日本の民度が問われている」と締めくくるところに、「非常時」に政府に文句を言わず、各家庭が政府に協力するよう仕向けた戦時中の枠組みと通じる発想があると感じた。

2 PTAと日本青年会議所(JC)

PTAもJCも「道徳」推し

私が小学校のPTA会員になって1年目のとき、そのPTAが加盟する区P連が入っている東京都小学校PTA連合会の広報紙に「道徳教育の一層の推進を」という見出しがあって驚いた。東京都教育委員会に対して東京都小Ｐ連が、道徳教育だけでなくさまざまな教育課題について申し入れをしたという記事だったと記憶するが、見出しは「道徳教育」になるんだなと思いながら読んだ。教育学者からも疑問視されている道徳教育を推進してほしいとは私は全く思わないし、もしアンケートがあれば、少人数学級の実現や、図書室の蔵書数を増やして、司書の先生がどの学校にもいるようにしてほしい、そうお願いしたかった。ただ、当時はまだＰＴＡ会員になって1年目で、事情に疎かったので、多くの保護者がそれを望んでいるのかもしれないと漠然と考えた。

けれど、今はちがう見方を持っている。多くの保護者が望んでいるかどうかとあまり関係なく、ＰＴＡの上部団体は、「道徳教育」や「徳育」を推進するときがある。

２０１４年1月に京都で開かれた日本青年会議所（ＪＣ）の大会は「取り戻せ、日本の矜持を！」と銘打たれていた。その中で、「徳育フォーラム〜意気あふれる人財による道徳心育成のススメ〜」という演題のもと、パネリストとして参加した日Ｐ会長の尾上浩一氏は道徳教育の推進を語った。このフォーラムには、義家弘介氏（衆議院議員）、堀竹充氏（全国連合小学校長会会長）らが出席したという。

ＰＴＡとＪＣの共通点

じつはＪＣとＰＴＡは、道徳教育の推進以外にも共通点が多い。

ＪＣのルーツは、１９１５年にアメリカで始まった人材育成のための活動にある。ＰＴＡと同じように、日本では戦後に始まった。会員には、地元の経済人が多い。年齢制限が設けられていて、20歳から40歳までとなっている。全国に組織があり、会員は約3万6千人。会員の約8割が、代表者か代表権のない取締役だ。そして8割が、創業者か2代目、3代目以上だという。これらの点は、ＰＴＡの上部団体の役員たちと、非常に似ている。

ＰＴＡの上部団体の役員たちを取材するなかで、私はＪＣメンバーかそのＯＢと会うことが多くなっていることに気づき、そのことが気になっていた。「日ＰやＰＴＡの上部団体にＪＣ関係の役員が増え始めたのは、２０００年以降かな」と話してくれた元日Ｐ会長もいた。「どうしてＪＣの人がＰＴＡの役員に多いんでしょうか」と、元ＪＣ会員で、市Ｐ連の会長を務めている人に聞いてみると、「自分たちはＪＣで、例えば立場や意見の違う人たちを集めて話し合って物事を進めるやり方などを勉強している。それにＪＣで、取りまとめて集約してプレゼンすることに慣れているので、それが役に立っているんじゃないですか」という。

確かにＪＣのホームページにも、「会議運営の王道であるＪＣプロトコル（進め方など）をマスターすれば、ご自身の会社や他の団体、ＰＴＡ等での運営にも、それぞれの状況に応じて臨機応変に対応でき、大いに役立つはずです。他の組織・団体やＰＴＡ等で、ＪＣ現役メンバーや先輩方が数多く活躍しているのは、会議等のノウハウを身につけているのも理由の一つでしょう」と書いてある。「JCプロトコル」が役立つ場として、すでにPTAは組み入れられているのかと、妙に感心した。

少し時間をかけて観察してみると、JC経験者でPTA活動をしている人は少なくないようだ。一例として、全国大学生活協同組合連合会のホームページに掲載された、全国高等学校PTA連合会前会長の牧田和樹氏のインタビュー記事を見てみよう。

PTAと関わりを持つようになったきっかけを聞かれて、牧田氏は「青年会議所（＝JC）の先輩たちがずっとPTAをやっていて「お前のところも入学したんだろう、そろそろそういう世話をしろよ」みたいな話で引っ張られたというのが、きっかけですね」と答えている。プロフィルを見ると、高校のPTA会長、PTA連合会の会長職と並んで、地元の商工会議所会頭や経済同友会副代表幹事などの肩書が並ぶ。

ホームページ「「愛知」の教育創造委員会（2002年度　社団法人青年会議所　東海地区愛知ブロック協議会)」には、次のような言葉が並ぶ。[★3]

「え?、(ママ)あなたもPTA役員なの？　来年、君がPTA会長をやってくれよ！　というように実は、身近にJCメンバーがPTAに関わっているにもかかわらずPTAの活動を良く知らないでいつの間にかPTAの会長を当て職のようにやっているのもJCメンバーのようです」

「ＪＣメンバーそのものがＰＴＡ役員じゃないか」

このほか、神奈川全域・東京多摩地域の地域情報紙『タウンニュース（八王子版）』（２０１８年6月14日号）によると、八王子青年会議所は２０１８年6月7日、八王子商工会議所で、「ＰＴＡあるあるパネルディスカッション」を行った。市内の小・中学校のＰＴＡ連合会の会長ら4人をパネラーとして招き、意見交換などをしたという。

この日のパネルディスカッションは、「ＰＴＡのいいところは？」「ＰＴＡのここが大変」「みんなが積極的に参加するには」といったＪＣ側の質問に対し、パネラーが手書きボードで回答し、それに説明を加えていくというかたちで進められた。記事は「ＪＣでは今年から教育支援推進委員会を新設し、特に教育問題に力を入れている。2月には教育長や学校長を招いてディスカッションを行った。今後、討論の内容をまとめて市に提言をしていく予定」と結ばれている。

敬遠されがちなＰＴＡ役員に手を挙げてもらえるなら、ありがたい話だろう。中部地方のある男性は、子どもが保育園児のときからＰＴＡに関わり、小学校では市、郡、県のＰＴＡ

★3——http://www2s.biglobe.ne.jp/~sato-n/iinkai1hou3.htm（最終閲覧日：２０２１年8月19日）

の役員を務めたが、「県のＰＴＡ連合会の役員の中で、「ＪＣとは関係ない」という人のほうが少なくて驚いた。時間がとれる人がこういう人たちなのかなと思った。ＰＴＡ大会でご一緒した別の県の会長さんは2人ともＪＣ会員で、彼らの紹介でいくつかＪＣ関係の仕事をいただきました」と振り返る。ＰＴＡというボランティア活動で知り合った人とのつながりから、新しい仕事が生まれるのはよいことだ。人と知り合う醍醐味でもあるだろう。

「大きなＪＣ」の政治的主張

私が気になるのは、ここ数年来のＪＣの政治的な主張と、教育への関与だ。

もちろん、何を主張するのもＪＣの自由だし、会員でもない私が何か文句を言いたいわけでもない。ただ、日Ｐに代表されるＰＴＡの上部団体では近年、ＪＣ関係者も目立つようになっていて、しかも、両者の主張が似通ってきている。私が見るところ、ＪＣ上層部は政権寄りで、このところ改憲トーンを強めていて、「教育への参画はＪＣの重要課題」と語るようになっている。

例えば、日本青年会議所の青木照護会頭は２０１７年度事業報告書の中で、次のように書いている。

「教育においては、投票の仕方や選挙のルールを教えることが主権者教育だと勘違いされています。そうではなく、主権を行使できるだけの格と、政策を見極めるリテラシーを身につけることが本来の主権者教育なのです。つまり自国を誇れる国家観、他を慮る道徳心、国を支える主権者意識を兼ね備えた「全う（ママ）な日本人」を育成することが真の主権者教育なのです。そのためには（中略）、政治、経済の仕組みに加え、道徳心、国史、多岐に亘る安全保障に至るまでしっかりと義務教育課程で教えていかなければなりません」

「国を支える主権者意識」というのはなかなかのパワーワードだと思うが、ＪＣは政権と歩調を合わせるように憲法改正を打ち出すと同時に、竹島などの領土問題を取り上げるようになっている。

ＰＴＡ役員としての活動を、ＪＣ会員として展開することを説く本も２００７年に出版されている。社団法人横浜青年会議所編著の『教育維新宣言　ヨコハマ発熱！　どうするんだ子供の教育』がそれだ。この本の中に、「今後、道徳心を学んだＪＣマンが、親として教育現場（まずは親として役員等）の中心となってリーダーシップを取り、他の学校との連携を図って活動して行くことから始めるべきだと考えています」という一節がある。

ＪＣ会員から、国会議員も誕生している。ＪＣ出身の著名な政治家と言えば、かつて会頭をつとめた麻生太郎財務相（日本ＪＣシニア・クラブ名誉相談役）がいるが、他にもいる。愛知県選出の池田（いけだ）佳隆（よしたか）議員（自民党）だ。そのプロフィルを見ると、平成16年に名古屋青年会議所理事長→平成18年に日本青年会議所（ＪＣ）会頭、衆議院教育基本法特別委員会に参考人として招かれたとある。実はこのとき池田氏は、次のように述べている。

「何とかして子供たちに、ふるさとや生まれた国日本を大切にしよう、愛そう、日本という国に貢献できるようなすばらしい人になっていこう、愛する祖国日本を世界平和に貢献できるすばらしい国にしていこう、そういった純真無垢な愛国心の醸成を図り、この国に生まれて本当によかったと言える子供たちがどんどんふえるような、道徳心あふれた市民あふれるそんな日本国を一日も早くつくらねばならない、そんな思いを強く我々ＪＣは抱いている」

「そこで、我々ＪＣは、自分たちの祖国を救うんだ、そんな気持ちで、国がやれないのであれば我々ＪＣがやるとの思いで、今、教育現場に、道徳教育事業を全国各地で、ある意味実力行使で実践しているところだ」

「戦後植えつけられた贖罪国家意識を払拭するために、現在、日本青年会議所は、近現代史教育プログラムを作成している」

「今の教科書では、そのほとんどが自虐的過ぎる。そこのところを教育現場が放棄するのであれば、我々ＪＣが買って出よう」

池田氏は２００６年にＪＣ会頭をつとめていた当時、国会に参考人として出席し、教育基本法改正を訴えたこともある。池田氏のプロフィルに戻ると、平成20年に名古屋市小中学校

ＰＴＡ協議会の常任理事に就任、以後3年間にわたりＰＴＡ会長を務めたとある。そして平成23年に国会議員になっている。ＰＴＡの会員の中に、さまざまな思想信条の持ち主がいるのは当たり前だし、何ら問題はない。しかし、歴史認識の問題をめぐって発信しているような人が、不偏不党をモットーにするＰＴＡの連合団体の役員になって、私からは相反する立場に見えるそれらの経歴を、まとめてプロフィルに示していることに違和感を覚える。

ここまで見てきたことからも分かるように、日ＰなどＰＴＡの上部団体の役員をやれる人と、ＪＣの役員として活動できる人は似ている。ボランティア精神にあふれていることは間違いないが、その他にも、経済的に余裕があり、時間を自由に使える自営業者や社長が多く、しかも多くが男性といった点で共通しているのだ。

もちろん、特に小さな町では、「町おこし」や「地域おこし」、祭りやイベントなどで盛り上げてくれ、災害時には救助や復興に力を尽くしてくれる人たちは、とても大切な存在だ。日ごろ、地元のために汗を流す人たちの思いや経験には、個人差も地域差もあるだろう。こういう人たちの中に、熱心にＰＴＡ活動をする人たちや、ＪＣ会員としていろんな活動に取り組む人たちもいることだろう。ＰＴＡにせよ、ＪＣにせよ、それぞれの会員すべてが上層部の意見に賛成しているわけではないだろうし、かれらの発言は気にしていないという人も少なくないだろう。ただ、それが「大きなＰＴＡ」、「大きなＪＣ」となったとき、全体の

「総意」なるものが押し出され、個別の思いが見えなくなってしまう。こうした点でも、両者は似ているのではないだろうか。

「実は教科書採択委員なんです」

「私、実は市P連の会長ということで、教科書採択委員なんです。これは内緒なんですけどね。「教科書会社からの賄賂があると困るので、委員であることは言わないでください」と教育委員会に言われているんですよ」。PTAの全国大会について、JCのOBで、ある市P連会長に話を聞いていたとき、ふともらした言葉に、私は思わずメモを取る手が止まった。

教科書採択では、自治体によって異なるが、保護者の中から教科書採択会議の委員が選ばれることがあり、その際、「保護者の代表」としてPTAの会長が選任されることもあるとは知らなかった。こうしたなかで、PTAの会長を務めるJC会員（あるいはそのOB）が「保護者の代表」として教科書選定会議に加わって、JCが推奨するある特定の教科書を推したとしても、ほとんどの保護者はそのことを知らずにいることがあり得る。

「教育再生」の中核には「徳育」

『教育再生』という月刊誌がある。2013年8月号の表紙には、「［報告］日本JCサマコン「徳育フォーラム」で、八木理事長、ＰＴＡ全国協議会武田岳彦前会長が発言」とある。八木理事長とは、八木秀次・教育再生機構理事長のことだ。「新しい歴史教科書を作る会」の3代目会長で、第1次安倍政権で安倍首相のブレーンを務めた一人でもある。

記事によると、日本ＪＣのアドバイザーでもある八木氏は、徳育フォーラムで次のような発言をしたという。

現在、安倍内閣が掲げている「教育再生」は自身が考え出した言葉であり、「教育再生」とは、教育を国家戦略の立場から考え直し、抜本的に見直すことを意味しており、その中核となるのが徳育だ、と。

この徳育に求められているのは、「郷土や国に対する帰属意識や愛情、さらに国家社会の一員としての当事者意識を持ちながら、国民としての自信と誇り、やる気を回復し、国家を建て直そうとする意識」を持たせることであり、こうした視点から、道徳の教科化が打ち出されたという。

「もとより、徳育の充実は、学校や教育界だけにまかせてよいものではない。保護者や地域などが、当事者意識を持って進めることで、実現ができる」

「保護者や地域」という言葉は聞き流してしまいそうだが、ＰＴＡはまさにこの中に含まれる。そして現在、ＰＴＡに入会した保護者たちの多くが、地域によるにせよ、そして程度の差はあるにせよ、地縁を背景とする同調圧力にさらされているということは、忘れないでおきたい。

ＰＴＡとＪＣの連携強化？

「徳育フォーラム」に話を戻す。この日のプログラムでは、日Ｐの会長職を後任に引き継いだばかりの武田岳彦氏が「日Ｐ前会長」の肩書で、最後に登場。『教育再生』誌によると武田氏は、「ＰＴＡと日本ＪＣは、もっと交流を深める必要があり、今回は、今後、一緒にやっていくために貴重な機会を与えられたと思う」と述べたという。

さらに道徳教育について、次のように語っている。

「学校における道徳教育は、未だに授業時間数が少なく、教材も十分とはいえず、何より現場教師の意識が十分とはいえない。まさに、家庭や社会と地域とが一体となった徳育の推進が必要とされている」

「ＰＴＡも、従来とは異なる対応が求められており、学校だけに任せるのでなく、地域社会や日本ＪＣなどのさまざまな社会教育団体と手を携えて、道徳教育の普及活動に取り組んでいきたい」

日Ｐはなぜ、道徳教育をこれほど推すのだろう？

さらに見逃せないのは、このフォーラムの場に育鵬社副編集長の山下徹氏が登場し、「道徳教科書（筆者注：この教科書にはＪＣの活動が紹介されている）のほか、一昨年の教科書採択において大幅にシェアを伸ばした中学校用教科書『新しい日本の歴史』『新しいみんなの公民』（ともに現在全国シェア約４％）のさらなる採択の増加にむけても、日本ＪＣ全体としての協力や支援の要請を呼びかけ」たという一節だ。

２０１３（平成25）年の初等中等教育分科会（教育や学術、文化に関わる政策を審議して提言する文部科学相の諮問機関で、中央教育審議会に置かれた分科会の一つ）で、当時の日Ｐ会長が「今まで誰ひとり（教科書選定の過程を）開示してって、言っているのを聞いたことがないんですね」と発言している。保護者は無関心だと思い込んでいることが、この発言から分かるだろう。こういう前提に立って、ＰＴＡとＪＣその他の団体が、保護者の知らないところで「手を携えて」いるのかもしれない。

「日本ＰＴＡ」というものが、日本の全ＰＴＡの、ひいては保護者代表のように扱われ、保護者に直接意見を聞きもしないのに、日Ｐの要望書が保護者の希望のように語られていることについて、親たちはどう思うだろう。本当に無関心なのだろうか。仮にそうであったとして、無関心のままでいいのだろうか。

第5章

これからのＰＴＡのために

動き出すＰＴＡ問題

２０００年代に入って、ＰＴＡ問題を動かしたのは親たちだった。

ブログや掲示板、ツイッター、フェイスブックなど、普及してきたＳＮＳを駆使して、ＰＴＡに関する情報をシェアし、議論を蓄積していった。ＰＴＡ活動は義務ではないこと、役員や係を決めるときのおかしなルールのこと、会費の使われ方に不透明なところがあることなどが知られるようになった。これまで「ＰＴＡとは何か」という問題提起やＰＴＡへの異議申し立てがなされても、なかなか広がりを持てずにいた。けれど、ＳＮＳが活用されるようになってから、こうした活動の成果が可視化されるようになった。そのことで、それまで孤立しがちだった人たちが、地理的な距離を超えてつながったことは大きい。有志の勉強会や考える会などが各地でスタートするなど、変化が生まれている。

その皮切りとなったのが、ＮＰＯ法人「教育支援協会」が２０１０年2月11日に横浜市で開いたシンポジウム「これからのＰＴＡのあり方」だった。この日のシンポでは、公立小学校の元ＰＴＡ役員や文科省の社会教育課長らが登壇し、入退会の自由などについて議論した。2月21日付「朝日新聞」で「『ＰＴＡ、実は入退会自由』 周知の是非、シンポで議論 横浜」と報じられ、ＰＴＡはそもそも入退会が自由だという原則が広く知られるきっかけとなった。

２０１２年には、保護者有志からなる「素晴らしいＰＴＡと修羅場らしいＰＴＡ（Think!PTA!）」が署名運動を展開し、「ＰＴＡの入退会自由に関する請願書」にネットと直筆の署名、計１０４６筆が集まり、署名簿は内閣総理大臣と文部科学省に受理された。オンライン署名サイトが日本に普及する前の段階だったが、入退会自由の周知徹底や、ＰＴＡ会員のための相談窓口設置などを求める画期的な活動だった。

２０１４年には熊本で、全国初のＰＴＡに関する裁判が始まった。小学校のＰＴＡをめぐって、ＰＴＡの入退会は自由だとの説明がないまま、不当に会費を徴収されたなどとして、ＰＴＡに対し保護者が会費の返還などを求めて提訴。17年に和解した条項には、ＰＴＡが入退会自由な任意団体であることを保護者に十分周知することや、保護者がそれを知らないまま入会させられたり退会を不当に妨げられたりしないようＰＴＡ側が努めることなどが盛り込まれた。

「ＰＴＡは学校とは別の独立した任意団体なので、指導できない」という姿勢だった行政にも、変化があらわれ始めた。

２０１７年には埼玉県教育局が、「ＰＴＡ活動を円滑に推進するための留意事項について」という通知を県内の小・中学校長宛に出した。翌18年に大津市教育委員会が公立小・中学校長あてに出した「ＰＴＡ運営の手引き」では、強引な役員決めについて「人権問題になりかねない」と厳しく指摘するなどした。いずれも強制力はないものの、ＰＴＡ活動にともなう数々の強制に苦しむ保護者たちへの影響は大きく、全国に知られるようになった。

この年には、兵庫県川西市長選でのマニフェストに「保護者の負担軽減」を掲げ、ＰＴＡ問題を取り上げた越田謙治郎氏が当選している。県議や市議などの自治体議員の中にも、ＰＴＡでの経験をアピールする人は多いが、近年、ＰＴＡによる保護者の動員、ＰＴＡ上部団体への会費からの「上納金」、教育委員会が後援する事業の妥当性などを議会で取り上げる人たちが出てきている。

新聞記者たちがＰＴＡについて語り合う場を作ったことも記しておきたい。

ＰＴＡや教育問題を取材している北海道新聞、東京新聞、朝日新聞、毎日新聞、中日新聞、西日本新聞、熊本日日新聞の記者有志らで実行委員会を作り、会場を借りて「ＰＴＡフォーラム」を開いたのだ。

２０１９年５月には東京で、８月には神戸で、それぞれ開催した。後者は、朝日新聞の言論サイト「論座」、「＃ニュース４Ｕ」、「東京すくすく」(東京新聞)、西日本新聞「あなたの特命取材班」が後援した。神戸ではちょうど日Ｐ全国研究大会が開かれており、その最終日が、私たちが主催するフォーラムの開催日だった。

どちらの回も、全国からＰＴＡ会員／非会員、ＰＴＡ会長／連合会の関係者、教育委員会の関係者、校長や教員、首長や地方議員など多様な人たちが約１００人集まり、小さなグループに分かれてのワークショップは大いに盛り上がった。実行委メンバーの記者たちも立場や境遇はばらばらで、ＰＴＡ会長や連合会の役員、普通の会員もいれば非会員もいるし、保護者ではない人もいて、ＰＴＡとの関わり方や考え方はそれぞれ異なっていた。それでも協力し合いながら、フォーラムの運営と、ワークショップのファシリテーターを担当した。

このフォーラムは、参加者同士のフラットな話し合いの場を作ることが目的だったため、宣言文の発表や、アピールをとりまとめるようなことはしていない。２０２０年2月には熊本で第3回フォーラムを開く予定だったが、コロナ禍のため、直前での中止を余儀なくされた。それでも、フォーラムを通じて参加者同士の新しいつながりが生まれたり、「地元に戻って校長と話をしたら関心を持ってもらえた」という人が出てきたりした。

ここまで見てきたように、ＰＴＡをめぐっては近年、新たな動きがいくつも生まれてきた。こうしたなかで、新型コロナの感染拡大が長期化して、ＰＴＡは従来の運営のあり方を再検討するよう迫られてもいる。ＰＴＡでは今後、さらなる変化が起きそうだ。

どこが、どう変わるといいのか？

最後に、これまでに読者や取材相手から質問されたことで、一番難しかったものについて考えてみたい。

それは、「ＰＴＡのどこが、どのように変わるといいのか？」というものだ。ずっと考え続けているのだけれど、それに一言で答えるのは、やはりとても難しい。ＰＴＡによって、そして人によって、抱えている事情も、目指すところも違うからだ。ただ、取材や、記事を書くことを通じて考えてきたことがある。現在の「ＰＴＡ問題」をなくしていくのなら、少なくとも次の2点は満たされていてほしい。

①ＰＴＡ活動は親の義務ではない　↓　「入退会は自由」という原則を徹底する。
②ＰＴＡを利用させない　↓　必要以上のカネを持たない、動員されない、代表されない。

①にあるように、「入退会は自由」というのは、共有されなくてはいけない大事な原則だ。ＰＴＡを変えていくときの、スタートラインだ。

単Ｐの会則にそのことを書き入れて、会報などで告知すればＯＫということにはならない。

これまで何度か述べてきたように、地域によっては、ＰＴＡに参加して活動するようにという同調圧力は、想像以上に大きい。そのため、本当は退会したくても意思表示できず、いやいやながらも参加し続けるというケースもあるだろう。自分の意思でＰＴＡの入退会ができて、過重な役割を背負わされず、担当する係などをめぐって、本来ならフラットな関係でいられた保護者同士がぎくしゃくしない状態がうれしい。

そして②だ。これまで書いてきたように、ＰＴＡでは何か行事があるたびに保護者が動員されてきた。そして、定期的に徴収されるＰＴＡ会費の一部が上部団体に「上納」され、その使い道には不透明なところがあった。そして、ＰＴＡ＝全国の保護者の代表という図式があるから、その「看板」を、自分の事業や政治活動に利用しようとする人が出てくる。そうなると、ＰＴＡを変えさせないようにする力が働く。つまり、利用させなくすることも、ＰＴＡを変えていくうえでは大事だ。

「カネ」について補足すると、ＰＴＡの各種大会や毎年の行事のための繰越金を多く持たないよう、会費は年度ごとに必要な額だけ集めるようにしてみたらどうだろうか。会費の額を引き下げるというのも有効だろう。もし、上部団体での「カネ」と「動員」の二つを透明化できれば、単Ｐと、その上位にある区Ｐ連・市Ｐ連も変わっていく可能性があるだろう。

「変わる」ために、どうしたらいいのか？

そうはいっても、入（退）会の意思確認をするようにしてはどうかと役員会で提案しただけで、「ＰＴＡ業界」という、多くの利害関係者からなる高くて大きな壁に阻まれるということは珍しくない。

尻込みする人が多い単Ｐの会長を引き受けて「正攻法」で変えていこうとした人ですら、この壁にぶつかって断念することが少なくない。ましてや、子どもが通う学校と、自分の職場と、家族の生活圏が重なっているような人の場合、声を上げるのが難しいこともあるだろう。ＰＴＡ活動や親学を推してくる議員たち、首長や教育委員会などを相手に、ＰＴＡが利用されないように一人で何とかしようとしても、時間も力も限られている。ＰＴＡを退会することで失うもの――非会員になることで、保護者として「いない存在」にされてしまう（すべての保護者はＰＴＡ会員だという前提で学校が動いていると、ＰＴＡにお知らせをするだけで非会員には届かないことがあったり、意見集約をするときに学校の保護者全員に聞かずに、ＰＴＡにだけアンケートをするといったことが起こる）とか、居心地のよい保護者同士の関係とか――も想像できて、躊躇することもあるだろう。

そしてすでに述べたように、一部の人がＰＴＡを退会したとしても、このＰＴＡという大きな装置にはそれほど変化が生まれないばかりか、より問題が固定化されてしまう可能性もある。即効性のある答えは結局、私にも分からないが、これを多くの人と共有できれば、もう少しスムーズに議論ができるのでは……と思っている「考え方」がいくつかある。

ＰＴＡは「自然現象」ではない

「この町は冬の寒さが厳しい」とか、「この地域は夏から秋にかけて台風がよく通る」といった自然現象は、私たちがどう頑張っても変えられない。けれどＰＴＡは、自然現象ではない。あくまで任意団体で、法律で義務づけられているわけでもない。だから、私たちが変えていってかまわないものだし、参加するのも、退会するのも、私たちの自由だ。文科省や政治家はよく「家庭の教育力の低下」などと言って危機感をあおるけれど、そうした言葉を素直に受け取ってしまう前に、「お国のため」のような、大きな何かに巻き込まれていないかどうか、立ち止まって考えてみることも必要だと思う。それが理不尽だと感じられたら、笑顔をつくって我慢し続けるよりも、そこから逃げたり、ネットなどで仲間を見つけて、そうした状況を変えるための方法を考えたりしたい。

問題を指摘することはＰＴＡ活動をしてきた人の否定ではない

ＰＴＡに問題があるという記事を読んだり、ＰＴＡの制度を変えようとしている人を見て、自分のＰＴＡ活動や経験を否定されたと思う人が少なくない。けれど、よく一言で「ＰＴＡは」と言われているけれど、一つひとつは相当に違っている。批判されているＰＴＡの問題点はあなたのＰＴＡとは違うかもしれないし、あなたの活動ではないかもしれない。

また、ＰＴＡについて問題点を指摘した人は、そのＰＴＡを全否定しているわけでもない。日本社会の問題点を指摘したからといって、日本を全否定しているわけでもないのと同じことだ。だから、日本社会の問題点を指摘した人に対して「いやなら日本から出て行け」とか「反日か」とか決めつけてしまうのも、ＰＴＡの問題点を指摘した人に対して「いやならやめろ」とか「ＰＴＡを全否定している」とか決めつけてしまうのも、おかしなことだ。ＰＴＡに参加した人たちとともに子どもたちのためになることをしたいと願うからこそ、変えようとしているのかもしれない。

これまでＰＴＡ活動に汗を流してきた人たちには「ありがとうございます。問題がいろいろあったのなら、ＰＴＡでの活動、大変おつかれさまでした。ぜひその経験を共有させてほしい、次の世代がこれから同じ思いをしないですむよう、ぜひ一緒に考えてもらえませんか」と言いたい。

保護者同士の対立にしない

ＰＴＡを変えていきたいと提案する人をクレーマー扱いすることも、これまでＰＴＡ活動を担ってきた人たちを批判することも、どちらもやめにしたい。方向性や手法は違っていても、子どもや教育のことを考える熱量が高いという点では共通している。

先に紹介した「ＰＴＡフォーラム」では、7～9人で話し合うワークショップを行ったが、そこに参加したのは、ＰＴＡの会長、校長、ＰＴＡの会員、非会員、学校や教育委員会関係者など多様な人たちだった。似た人たちで固まってしまわないように、地域も含めてバラバラにしてみたところ、「非会員と会長という、立場が異なる者同士で話が通じたので驚いた」「想像以上に話が盛り上がった」などの感想があった。ＰＴＡという枠組みを外して出会えば、「自分にできる範囲で子どもの学校に関わりたい」「保護者同士で知り合いたい」「教育について改善点を話し合いたい」という人は少なくないと感じた。

時折、「ＰＴＡ会員 vs.非会員」のような構図でＰＴＡ問題を面白おかしく報じる記事を目にすることがある。こうした対立が生まれる背景には、ＰＴＡ活動の係を「平等」に決めようとするあまり、新たな係を作ったり、くじ引きで決めたりすることがあるだろう。そうした状況を解消することこそが大事なのに、「ＰＴＡ会員 vs.非会員」のような記事は、こうした問題に目が向かわないようにしてしまう。

気が合わない保護者がいたってかまわない。いろんな人がいるのだから、全員と仲良くならなくてもかまわない。ただ、何かしら接点はあるはずだ。わずかでも、ＰＴＡをめぐって共有できる部分を見つけたい。

教員との対立でもない

日本の教員と母親たちには共通点がある。どちらも、子どものためなら、犠牲になって当然と思われてきた。だからこそ、最も協力しあえる関係になり得ると私は思う。

ＰＴＡがこれまでの活動を見直すとき、その一部は本来、教員のすることだからと学校に戻そうとしたり、学校が主催する行事などで人手が足りないときにＰＴＡ会員がなんでも手伝ったりするのではなく、「それは学校教育に必要不可欠なものなのか」を問い、「教員の人員増か公費増での対応」を求めるという道を、先生たちと一緒に探りたい。

新型コロナの感染拡大防止のために、ただでさえ忙しい教員が学校のトイレ清掃をするようになっていて、それを見かねたＰＴＡが手伝いに入ったりしているが、こういうことこそ、公費から費用を捻出して、教員の負担を軽減すべきではないだろうか。文科省や教育委員会、行政にはぜひ、①教育のための公的支出を増やす、②パブリックコメントを活用して、保護者からの意見を広く求める、③動員しないと人が集まらないような教育講演会や行事は開催しない――の3点をお願いしたい。

その上で、私たちにできることとして考えられるのは、次のようなものだ。

意見表明・異議申し立てのための回路を持つ

ＰＴＡを内側から変えることに限界を感じたら、ＰＴＡとは別の回路を使って、教育行政に意見表明をしたり、異議申し立てをしたりするのがいいと思う。

気になることがあれば学校に伝えたり、教育委員会に質問したり、「こういう講演会は必要ないのでは」などと意見を伝えることもできる。教育委員会には電話窓口があるし、ホームページで質問を受け付けているところも多い。そこに書き込めば、返事がもらえることが多いだろう。

教育委員会やＰＴＡ連合会がＰＴＡ活動の適正化を目指して「先進的」な文書を出すことがあるが、それも、保護者が一生懸命に上げた声に応えたものであることが多い。「モンスターペアレント」だと思われないかと心配する人もいるとは思うが、いまやこの言葉は、親に声を出させないために使われるようになっている。教育委員会から、「ＰＴＡは学校とは別の独立した任意団体なので指導できません」と言われても、問題提起があったという記録は残る。新たにＰＴＡ活動にかかわるようになった保護者たちは、それらの記録を通して、どんな問題があったかを知ることができるし、次の一手を考えるときの助けとなってくれるはずだ。記録が残っていれば、取材者たちが問題のありかを探る際にも力となってくれるだろう。

ＰＴＡの問題に関心がありそうな地元議員を探し出して相談するというのも、やってみる価値がある。

そして長い目で見ると、選挙のときに、どのような人に投票するかが大事になってくる。ＰＴＡの意義や「道徳心」「家族の絆」などをことさら強調したりしない候補者に票を投じることが重要だろう。教育長や教育委員を住民が選ぶのではなく首長が任命するようになって以降、首長や議員たちがどのような教育観を持っているかで、その地域の学校教育のあり方、ＰＴＡのあり方が大きく変わってくるようになった。例えば、埼玉県の上田清司元知事や千葉県の森田健作前知事、名古屋市の河村たかし市長、大阪府や大阪市の維新系首長らのもとで「親学」が盛んになったことを見ても、そのことはよく分かるだろう。

インターネットやＳＮＳで、ＰＴＡに関するいろんな人の経験や成果を見たり、自分の体験や考えを記録に残してシェアするのはとてもよいことだと思う。ブログやサイトでの発信もできるだろう。疑問を持つ保護者や地元の議員と、小さな勉強会を開いてみるというのはどうだろう。新聞社にメールしたり、署名活動やツイッターデモをしてみてもいいだろう。裁判を起こすことで世論に訴えかけるというのも有効だし……いやいや、ちょっと待って、PTAを変えたいだけなのに、議員にアプローチしたり裁判を起こしたりしないといけないの?と思われるかもしれない。そこまでするほど、PTAの活動をしんどいとは思っていない。そう言われると、一理あるような気もする。

突き詰めると「PTAをどう変えるか」ではないのかも?

考えてみると、PTA活動にしても、親の振る舞い方にしても、「こうあるべき」だと強制されることがなかったら、PTA問題は起きていないはずだ。

結局のところ、PTAを変えることは、社会を変えることなのではないか。遠回りなようで、じつはこれがいちばん確実な道なのではないだろうか。PTAのあり方にも大きな影響を及ぼす教育基本法の改正にしろ、親学の普及にしろ、何か見えない大きな存在によって動かされてきた、のではなく、それを求める人たちが、小規模な対話集会や勉強会、議員への働きかけや選挙での投票、署名活動、SNSでの世論喚起といった、地道な活動を積み重ねて生まれた結果なのだ。民主主義的な手続きを踏んで、こうなっていると言える。

PTA問題に救世主はいない。文科省がラッパを吹いて、「明日からPTAの強制をなくします」と言ってくれることはない（そして、任意団体であるＰＴＡに対して、文科省が指示をし始めたら困る）。例えば、ＰＴＡがいやだと思っていても、「私の考えが悪いせいだろう。どうせなら、これを楽しめる方向で考えよう」と思っている限り、変わることはないだろう。「私の提案の仕方が悪かったのかもしれない、自分を変化させて、もっとみんなに認められるようにＰＴＡの中でがんばってから提案してみよう」というのも謙虚でいいけれど、私はオススメしない。

子どもが学校を卒業したり、役員が終わったりすればＰＴＡはもう関係がないから、そこまでしなくてもいいと思われがちなのだけれど、ＰＴＡ問題に関心を持ったあなたは、子どもたちの人権を侵害するような校則の存在や、休みが少なく平日も遅くまで練習があって強制的に参加させられる部活動、教員の長時間労働など、学校内で起きている問題にも、きっと気がついているだろう。それだけでなく、町内会や消防団など地域活動の担い手をめぐる問題や、教員たちの労働環境の改善を訴える動き、ジェンダーやフェミニズム問題なども、ＰＴＡの問題はつながっていることにすでに気づいていることだろう。

ＰＴＡ会費の使われ方に疑問を持つことは、税金の使われ方に関心を持つことと同じ意味だ。「子どもの権利」が軽視される国では、大人たちの権利もまた軽視されているだろう。賃金の未払いや長時間労働、ハラスメントなどの労働問題も、ＰＴＡが抱えている問題の一部と通じるところがある。

長時間労働が長く続いたり、無理な働き方を強いられたりして、心を病む人たちがいる。こうしたなかで、ある人たちは抵抗することができて、またある人たちは声を上げることができなかったりする。この違いは、どこから生まれるのだろう。日本労働弁護団の嶋﨑量（しまさきちから）弁護士は、「パワハラの被害者は、その生育過程でパワハラを受けいれやすい経験をしてきている」と言う。

生育過程というなら、それは親の姿勢にも関係があるのかもしれない。

「すべてはお客様のために」と経営者にはっぱをかけられる従業員と、ＰＴＡ大会で「すべては子どものために」と鼓舞される保護者は、どこか似てはいないだろうか。幼稚園や小学校生活が始まった段階で、強制的に加入させられたＰＴＡでの活動に無理に適応しようとすることで（子どものためを思って、なのだが）、「本音ではおかしいと思うけど、仕方がない」「このままでいいとは思わないけど、議論をして変えるのはもっと難しい」「しばらく我慢すれば終わるから、やり過ごそう」という考えに至る人も少なくないはずだ。そんな親の姿を見ている子どもたちもまた、校則や強制的な部活動に疑問を持つよりも、やり過ごそうと思ってしまうのではないだろうか。アルバイト先で残業代が支払われなかったとき、就職先で長時間労働やパワハラがあったとき、「それはおかしい」と主張できるだろうか（もちろん、

「逃げる」というのでもいい)。

近年、労働問題の専門家のあいだでは、家庭で行われる家事や介護だけでなく、職場でのサービス残業や飲み会、強制参加の研修なども無償労働と見なすべきだという議論がされるようになってきている。その背景に同調圧力の問題があるのなら、PTA活動も、町内会などの地域活動も、無償労働の一つだろう。

周年行事や講演会、交通安全の見守り活動などの割り振りを考える人は、「それは必要不可欠なものなのか、「あったらいいね」程度のものなのか」、必要不可欠だとすれば、「それは無償でいいのか(有償なら、会費からその費用を捻出するのか、それとも公費からなのか)」という問いに直面するはずだ。それがきっかけとなって、PTAだけでなく、さまざまな無償労働のことが気になり始めるのではないだろうか。

みんなから集めるPTA会費の使われ方に疑問を持てば、みんなから集める税金がどう使われているかも気になるだろう。PTA活動では、母親たちのタダ働きを前提にしているのはなぜか? PTAによっては、「母親学級」「母親教室」というものが残っていて、母親が教育させられることになっているのはなぜか? これらの問いは、フェミニズムが問題にしていることに通じるものでもあるだろう。子どもの権利条約でうたわれた権利を、日本の学校は実現できているだろうか? 子どもの権利を保障するために、PTAにもできることがあるのではないか？

今も、さまざまな社会運動が行われているが、何が問題となっていて、その改善・解消のためにどのようなことが試みられているかを知ることは、ＰＴＡ問題に取り組むうえで力となってくれるだろう。ＰＴＡを変えていくために仲間を集めて署名活動をしたり、教育委員会や校長にかけあったり、地元の議員に説明したりといった経験は、何かほかの課題に直面したときにも役立つかもしれない。

スマートで耳ざわりのいい掛け声に乗らない

ここ何十年にもわたってＰＴＡの問題が提起され続け、それでも解消されていないなかで、政府やＰＴＡ団体が、「ＰＴＡや地域活動に参加するのはよいことだ」「すべては子どもたちのために」というメッセージを流し続けていることに、私はモヤモヤとした違和感を持っている。

しかも、保護者たちがSNSでＰＴＡへの疑問や批判を発信し、それが拡散して、多くの人が関心を持つようになると、それに対抗するかのように、ＰＴＡ批判を矮小化したり、ＰＴＡ活動を再評価する論調が目新しく思われたりする。

例えば、２０１９年12月29日付の朝日新聞「論×論×論」欄で紹介されたジャーナリスト・治部れんげ氏は、畠山勝太氏がｎｏｔｅに公開した「ＰＴＡの経済学」（２０１９年12月11日）での議論に触れながら、次のように述べている。

「経済的に非効率かつ個人の意思を無視したＰＴＡへの強制加入は、都市化や共働き化が進む中で批判されることが多い。だが畠山氏は、住民が顔をつきあわせて共通の利益（公共財）について議論し、意思決定することで人間関係が密になれば、コミュニティーの問題解決能力を高める効果があると主張する。ＰＴＡの意義を、社会関係資本の観点から積極的にとらえる点が新しい。短期的な効率性だけを追い求めるＰＴＡ不要論に欠ける説得力がある。／私自身も子どもの幼稚園時代に、ＰＴＡ役員として専業主婦家庭などに向けた補助金の増額を求めて市役所との交渉に参加した。自分と異なる立場の母親との交流は面白く、視野も広がった」

　もちろん、各地で行われるＰＴＡ活動や地域活動それぞれには、視野が広がるなどの意義があり、子どもに喜ばれることも多いだろう。ＰＴＡを批判している人でも、自発的なボランティア（ボランティアは本来、自発的なもののはずだが）や、子どものための活動の意義を否定する人はほとんどいないだろう。実際には、ＰＴＡ活動の一部、あるいはそれにくっついてくるものが嫌なだけで、先生と親がざっくばらんに話し合える機会は確保したい、親たちが協力しあって教育のことを考える活動は積極的にやりたい、という人も多い。「行事ごとに保護者からボランティアを募って、その範囲で行う」という方式にすると、保護者の満足度が高くなるのもそのせいだ。だから、ＰＴＡ批判がその対象としているのは、個々の活動の意義や、その活動に関わっている人たちのことではなく、仕組みであり、構造である。そのことは、改めて強調しておきたい。

他方で、教育基本法の改正、教育委員会の制度改革★、家庭教育支援法案は、いいことを進めていそうで、実は教育や家庭に国家が介入する入り口になっているという点で共通している。「子ども庁」の創設に向けた最近の議論も、同じようなことになったりしないか、注意が必要だ。

日Ｐはこれまで、保護者の声を広く聞いて政府に届けることよりも、全国のＰＴＡを通じて政府の方針を周知することに力を入れてきた。こうしたなかで、ＰＴＡ（単Ｐ）の運営の適正化を図るだけでなく、いろいろと問題を抱えたＰＴＡを生み出したこの社会のあり方を

★――安倍政権では２０１５年、地方教育行政法が改正され、首長が主宰する総合教育会議で「教育大綱」を作成するほか、現行の教育委員長と一本化された新しい「教育長」を、首長が直接任命できるようになるなど、首長の権限とリーダーシップが強化された。１９４８年にスタートした教育委員会は、戦前に教育が政治に左右された反省から、公選制が採られた。ところが56年に地方教育行政法が成立し、自治体の首長が原則5人の教育委員を任命することとなった（任命制）。２０１５年の改正については、「首長が自らの考えに近い教育長を選ぶようになって、教育委員会が形骸化している」との問題点が指摘されている。

問いなおし、若い人たちに対して、どのような教育を提供していくといいのか、私たち一人ひとりが考え、発信していくことも大切だ。

さらに留意しておきたいこととして、ＰＴＡが経済活動に組み込まれているのではないか、という問題がある。大きなカネが動くＰＴＡの研究大会だけでなく、ＰＴＡが主催する講演会、ＰＴＡが加入している保険、「ＰＴＡ改革」の流れの中で次々と生まれるＰＴＡ業務のアウトソーシングなど、ビジネスと接点のあるものが多い。この流れが強まっていけば、ＰＴＡ活動に伴う保護者の負担（それは多くの場合、教育への公的支出が足りないことや、不要なイベントが多いことから来る）を、教育への公的支出を増やす、イベントを整理するといった、根本的な解決策によってではなく、ＰＴＡ＝保護者がお金を払って業者に代替してもらうことで解消したかのようにしてしまわないだろうか。

そこまで行かなくても、例えば、「仕事を持つ保護者も参加できるように、ＰＴＡの会議を夜や週末に開くようにしました」とか「ＰＴＡ活動のための休暇取得を義務に」とか「イベントを外注して、全員参加を実現させたＰＴＡを表彰」などが、ＰＴＡ活動のスタンダードとなっていくなら、結局は「実はＰＴＡの価値が見直されています。やっててよかったＰＴＡ（＆変わらない保護者の負担とＰＴＡのピラミッド型組織）」ということになってしまうのではないか……。

だから、愚直なように思えても、ＰＴＡ活動においていろいろとある役割や行事は本当に必要なものなのか、それらは、ＰＴＡ会員を動員したりＰＴＡ会費を使ったりしてなされるべきものなのか、実は公的支出によって賄われるべきではないのかといったことを吟味し、議論していく必要がある。

自助と共助が政府・自民党によって強調されるなかで、ＰＴＡをめぐる問題を、根っこのところから考える意味はある。「子どものため」という抵抗しづらいかけ声で、内面に踏込まれる理不尽を我慢し、個人の生き方よりも地域や国の体面を優先させるような大きな力に巻き込まれるようなことは、私はいやだ。それに、郷土や仲間を大切に思い、地域に貢献しようという気持ちで、文句も口にせず、今日も日本のどこかで無償でＰＴＡの仕事を引き受けてくれている人たちの負担を見ないふりをして、「これからもよろしくお願いします」とは言えない。

私は、自分が保護者としてかかわった「小さなＰＴＡ」には、何の変化ももたらせなかった。けれど、10年にわたる取材の中で、少なくない保護者たちが各地で声を上げ、「大きなＰＴＡ」のあり方にも影響を与えていくのを見てきた。ゆるやかなつながりが、孤立を癒やすことも知った。あなたがもしＰＴＡにモヤモヤするなら、ため込まずに声に出してみませんか。そしてもし「ＰＴＡ改革」を考えているなら、一歩を踏み出すその前に、「ＰＴＡを

〈利用〉してきたのはだれか」と、少し離れたところから見てみませんか。ＰＴＡ問題を「保護者だけの問題」と抱え込むのではなく、もっと外へと開いていけば、元に戻ることのない変化が起きるだろうと、私はいま、そう考えている。

特別編　**不合理なことは不合理だと声を出す**………前川喜平氏インタビュー

元文科省事務次官、現代教育行政研究会代表

（２０１９年４月17日実施）

ＰＴＡは公平・中立な任意団体であり、原則論で言えば、入退会も自由。にもかかわらず、入退会の不自由も含めて、「ＰＴＡ問題」は厳然と存在する。「学校」を所管する文科省は、法律によって設置されているわけではないこのＰＴＡをどう見ているのか？　元文科省事務次官・前川喜平さんに話を聞いた。

（聞き手　堀内京子・田中聡子　朝日新聞記者）

日Ｐ「1千万会員」の政治力

――長い間、小中学校の保護者たちにとってＰＴＡは悩みの種でした。入るのも入らないのも自由な任意団体だということが、新聞記事やＳＮＳなどで知られるようになった現在も、ＰＴＡの現場では「一人一役」「役員免除のための儀式」と言われるようなローカルルールや、実質的な強制参加の枠組みが存在し、頭を抱える保護者が絶えません。ですが、文科省は「ＰＴＡは任意団体だ」

と言うだけで、こうした問題の解決に積極的に動いているようには見えません。文科省にとってPTAとはどういう存在なのでしょうか。

前川　PTAは、私が長く関わった初等中等教育局（幼小中高の学校を所管）の所管ではなく、かつての社会教育局、最近までは生涯学習政策局、今は総合教育政策局の所管です。だから私は、PTAや、その全国組織である「日本PTA全国協議会」（日P）そのものを所管する立場になったことはないですが、日Pに一番お世話になったのは、何といっても2003～06年の小泉内閣の「三位一体の改革★」のときに、義務教育の学校の人件費を支えている「義務教育費国庫負担金」を守るため、一緒に動いてくれたことです。

義務教育費国庫負担金は、全国どこで生まれ育っても、一定の教育水準を受けられるようにするための財源で、私は当時、担当課長でした。廃止させまいと、教職員組合や校長会など教育関係23団体が一緒になって闘ってくれたのですが、一番、アピール力が強かったのが日Pですよ。

文科省や教職員たちが廃止に反対しても「自分たちの権益を守っているんだろう」と言われてしまうけれど、日P会長が政治家に要望書を持って回ってくれたり、PTAの大会で、「義務教育費国庫負担金がなくなったら困るのは子どもなんですよ」と保護者の立場で主張してくれたりするのはありがたかった。

――やはり、PTAが日本で最大の社会教育団体で1千万会員（会員数が多かった80年代は1000万人以上の会員を誇っていた。現在は800万人）というのは大きいでしょうか。

前川　それはもうやっぱり、1千万会員はとりもなおさず有権者だから、政治にアピールする力は大きいですよ。教員ですら100万人にしかならない。政治を動かしたいと思ったら、日Pに動いてもらうのがいい。日Pの働きのおかげで、負担率は下げられたものの、最終的に義務教育費国庫負担金という制度を守ることができた。政治を動かすことができたんです。

特に与党の政治家は、日Pの言うことには一目置くんです。なぜ与党の政治家がそうなのというと、日PやPTA連合会の役員に、もともと与党（自民党）に近い人が多いからじゃないか。自分の政治活動のための踏み台にしている人も多いと思う。

会社員には難しいPTA活動

――学校単位のPTAでは分かりませんが、歴代の日Pの役員たちを見ていると、現役会員で都道府県のPTA連合会の会長、市や区の会長などを兼務する。つまり毎週のように何かしらの会合が

★――国の負担金・補助金を減らし、地方の税財源を増やす改革。しかし、地方交付税と補助金負担金が減るので、地方の財政は苦しくなる結果になった。

あるという条件のためか、子どもが２人以上いる男性がほとんど。不動産業とかお坊さんとか会計士など、自営業の人が目につきます。そして、例えば道徳や家庭教育など、ＰＴＡ会員の中でも評価が分かれる方針についても、日Ｐ会長という肩書で推進のために青年会議所（ＪＣ）で講演してしまうということが起きています。

前川　確かに、ＰＴＡとＪＣって同じ人が重なっていることが多い。時間的に余裕のあるオーナー社長とか、自営業の人が多いんでしょうね。組織の一員で仕事しているサラリーマンには絶対に無理ですよ。ＰＴＡ活動も、ＰＴＡ連合の活動も。土日とか仕事終わりの夜だけでできる仕事じゃないですよね。

――ほとんどのＰＴＡ会員は、自分がＰＴＡ連合会や日Ｐという上部団体の構成員に数えられているとは気がついていません。会費の一部が上部団体に納められていることも。ＰＴＡという装置を使い、役員さえＯＫすれば、あたかも日本の保護者全体が望んでいるように見せることも可能だという怖さを感じていない。例えば、「発達障害は育て方のせいだ」という主張などが問題視されている「親学」についてのセミナーをＰＴＡ連合会が開くこともあり、これも保護者全体が「親学」に関心があるということになりかねない。

前川　僕は「親学」は非常に問題があると思いますよ。発達障害が親のせいなどと言っていたようで。「親学」は信用できません。家庭教育を学ぶ機会はあっていいと思うけど、ちゃんとした教育心理学などの専門家から学ぶべきです。

文科省の教育は「自ら考えて行動する人間」を育てなかった

――教育委員会主催の講演会や、地域の防災訓練の炊き出し係などに、年間に何回参加するかを割り当てているPTAもあります。休日をつぶしてタレントの子育て体験を聞かされるのも苦痛ですし。PTAの動員を見込んだ教育委員会や地域の行事を企画してほしくないのですが。

前川　なんで、「イヤ」って言えないんですか？

――あっ、前川さんもそんなこと言いますか⁉　なんでイヤって言えないか？

前川　だって、敢然と「イヤ」って言う人だっているでしょう。

――それはいます。

前川　「同調圧力に負けてしまう」というけれども、負けるなよと。一人の人間だろうよと。いやもちろん、それはそう簡単じゃないとは分かりますよ、だけど、個の弱さっていうかね……、たどっていくと、文科省の教育が間違っていたってことだと思いますよ。

要するに、ちゃんと、一人の、自分で考えて行動する人間として育てなかったという。「皆さんがおっしゃるならしょうがないかな」とか、「皆さんが決めたなら従いますよ」というのは、後ろ指をさされたくないとか、同調圧力の中でハブられたくないという気持ちですよね。同じ行動を取らない人間を村八分にするというのは、いじめと同じ構造だと思います。本当は、「自分たちもつらい思いをしているのに、なぜあんただけ」ではなく、みんなで拒否すればいいと思います。でも、「みんなでＰＴＡをやめましょう」という人もなかなか出てこないんでしょうけど。

「無駄な行事だ」と声を上げる

前川　「無駄な行事だ」って声を上げることも効果的です。教育委員会はよくも悪くも、なかなか変わらない組織。中立性、安定性、継続性が大事ですから。だから、何かを変えようとしたら、政治に訴えるしかないときもある。首長さんとか地元議会の議員に訴え、こういう教育委員会の主催事業は無駄な予算ですよね、税金の無駄遣いですよね、という攻め方があると思う。

ほんとうは教育委員が住民の声をもっと反映させないといけない。条例で教育委員の数を増やすこともできる。私は、住民の意思やいろいろな声を反映させるためには、公募制とか準公選制といった選び方を考えようと言っています。

——学校の教育費が少なくなっていて、賄いきれない分をうめるために、ＰＴＡの会費を流用するケースは広く見られます。図書館の図書、エアコンの設置、研究教育発表会の雑費とか。学校改修のための仮設トイレ設置費用までPTA会費から出すと。保護者たちも「今、こういう教育財政だから仕方ない」と思わされている。

前川　それは極めて不正常な状態、本来、あってはならない状態ですよね。

PTAのマンパワーに依存する日本の学校

――学校もPTAを「学校の財布」とあてにしているようなところがあるのですが、どこが変わればいいのでしょうか。

前川　文科省は、「地域学校協働活動」をうたい、地域住民から学校ボランティアを募ろうと言っているが、もともとのマンパワーが少ないんだから、正面から学校職員を増やしていかないといけない。教職員だけでなく、学校司書とか部活動やICTの支援員とか。

日本の学校は、世界的にみて教員の比率が極めて高い。スタッフの8割が教員。あと2割が事務職、栄養士とか。欧米だと6割が教員で、教員以外の専門職やサポート職が4割。逆に言うと、日本の先生は、本来の授業以外の役割を抱え込まされている。だから先生は忙しい。学校という組織を回していくために、本来いなきゃいけないスタッフがいないからです。その人手不足分を、PTAのマンパワーに依存しているところもあるんだろうなと思いますね。

あと日本の場合は、保護者負担ではない形での地域との連携を進めるべきだと思う。時間のある高齢者はけっこういるはずなので、もっと学校に関わってもらったらいいと思うんですけどね。

――それはいいですね。ただ、「地域」といっても、ボランティアやNPOが誰でも好きなように学校に入れるとなると、懸念もあります。実際、私の子どもの通う公立小学校は2018年に「江戸しぐさ」をNPOから習って、全校で学習していました。

前川 「江戸しぐさ」をまだやってるんですか！　あれはやめた方がいいですよ。江戸しぐさは、文科省が作った道徳教材の中に入れちゃったの。あれはねえ、大失敗。僕が初等中等教育局長のとき、下村さん（下村博文・元文科相）に言われて作った。あんなインチキなものを伝統的な道徳だって思い込んで学校の教材にしてしまったことは、悔やんでも悔やみきれないです。

地域に学校を開くとき、試される自治力

――共働きの家庭も多く、情報を選別する余裕はない。そういうなかで、もし地域に学校が開かれたりすると、子どもたちや母親を教育しようとする人たちが入ってきて、そっちにひっぱられかねない。地域に広げるってことは、良さそうに聞こえるけれど危なくないですか？

前川 それはもう、「日本の民主主義が危ない、自治も危ない」って言ってるようなもので

すね。実際、危ういと思うけれど。政府のプロパガンダに洗脳されているような人たちが多い。

結局、地方政治がそうなっているってことですね。本来、学校や教育は、自治的な営みであるべきなんです。国の学習指導要領というような大枠は確かにあるし、学校の施設とか設備とか教員の配置など一定の基準は国が作っているけれど、文科省の指示のもとで動くのではなく、学校教育は本来的に地方の仕事なんです。学校が教員の独占物になってはいけなくて、住民の自治に支えられた存在でなければならない。

学校で何が行われているかは、保護者に限らず住民がもっと関心をもっていなければならない。そのために教育委員会制度やコミュニティスクール制度があるわけだけれど、実際は無関心な人たちが多く、一部の人に牛耳られたりすることが起きている。ＰＴＡも同じ。結局、それは日本の政治そのものが、一部の人に牛耳られているということでもあります。

ＰＴＡと文科省の関係は？

——これまで、ＰＴＡに入らないと登校班を外されるとか、卒業式のまんじゅうをもらえないとか、そういうのは文科省で議論になったことはありますか？　文科省の中で、この苦しみはどれくらい理解されているんでしょうか。

前川　省内で聞いたことはないが、省外では聞いていた。学校現場に行ったときに「PTAをなんとかしてほしい」と言われたり、妻から直接、役員を選ぶのに困ったとかいう話を聞いたりしていた。自らPTAに飛び込んでいった文科省の職員もいるけれど、それを売り物にしているようなところもあって……。

省内の議論の動きは、僕のいる間にはなかったですね。ぜひやったらいいと思う。僕自身は直接、生涯学習政策局の仕事をしたことはなかったので。学校教育以外では永田町とかかわる仕事が多かった。ひどい仕事だったけど。

――一方で、PTAに文科省が直接、手を突っ込んだら危ないことにもなり得ます。

前川　文科省は、脱退の自由、非加入の自由があるということはちゃんと知らせるべきだと思いますよ。

学校の図書とかクーラーとかは、本来、自治体が予算化しなければいけない。必要な財源措置は、交付税の中に入っていますよ。各市町村で図書を整備するお金は持っているはずです。空調も国の補助金はあるし、本来、設置者がやらないといけない。そんなもののためにPTAのお金が使われることはあってはならない。

公会計の学校予算と、私会計のPTA会費をごっちゃにすることは、公会計としてあってはならないことなので、おかしいと正面から言えるはず。「そんなものにどうしてPTA会費を使うんですか」と。そもそも、本来的なＰＴＡの活動だけなら、それほどたくさんのお金はいらないはずです。

――文科省も、ＰＴＡの運営については、正面からおかしいと言えるはずだ、ということですよね。

前川　言えます。それは（改革というより）歪んだものを元に戻す正常化。公会計の区別とか、加入・脱退の任意性とかは当然のことです。正常な姿に戻れ、という主張になるわけですよね。

「日本社会の病理みたいなものがつまった」ＰＴＡ

――入退会は自由といっても、実質強制入会。非会員の保護者の子どもに対して、「卒業式のまんじゅうあげない」とか、「卒業式のコサージュあげない」とか言われたり、もらえなかったりするケースはたくさんある。それらについても、「学校の場で、（保護者が会員か非会員かなどで）差別はおかしい」と文科省は言えますか？

前川　それは言えると思う。けれども、こういうことを文科省がいちいち言わなければいけないのが、本当はおかしい。学校教育は自治の問題であり、文科省は法律上、与えられた権限の中でしかものを言うべきではない。本来、市町村の住民の間で解決しなければならないことです。お上に頼ろうとするものではない。

――それは正論なんですけど、実際、長年の慣習や「伝統」、ＰＴＡとのやりとりや改革の長い道のりを考えると、とても割に合わない。「文科省が後押ししてくれれば」と思う気持ちは分かります。まんじゅうやコサージュがもらえず子どもが仲間はずれにされた気持ちを味わうかもしれないと想像したら、たいていの親は矛盾を飲みこんで「入会します」と頭を下げます。

前川　まんじゅうが必要なら、学校はＰＴＡじゃなくてむしろ地域の人に頼むべきじゃないのかな。いやそれは、まんじゅうじゃなくてもパンでもいいけど。

――そうしたらきっと今度は、「町内会に入ってない家の子どもにはまんじゅう渡さない」と言う人が出てきちゃいますよ。

前川　要するに、不合理なことは不合理だと、声を出すことがやっぱり大事でしょうね。ＰＴＡにはね、本当に日本社会の病理みたいなものがたくさんつまっていると思います。文科省の中でも、自分自身の問題として困った経験をしている母親職員が相当いるはずなので、彼女たちがいずれ、変えてくれそうな気がするけれどもなあ。

あ、でもこれが、「お母さんの問題」だってことが、また問題ですよね。日本の性差別の構造を反映しているってことだから。

〔初出は言論サイト『論座』（朝日新聞社）２０１９年5月11日〕

あとがき

世界の紛争や貧困、被災地の取材をしたいと新聞社に入って以来、女性記者だと思われたら不利だと感じながら、希望する道に近づけるよう仕事をしてきた。

そんな私が産休に入ることになった。経済部員だったが、育休から復帰後の部署は、暮らしの記事を書く「生活グループ」だった。最初のグループ打ち合わせには、「暮らしとＴＰＰ」の企画を提案するつもりだった（ＴＰＰ〈環太平洋パートナーシップ協定〉と暮らしというテーマは、育休明けというイメージから遠く、いかにも硬派で知的な記者が提案しそうなものではないか、という浅い考えからだった）。でも、私が発言する前にデスクは無情にも私に「ＰＴＡの役員決めの季節だから、チームでＰＴＡの記事書いて」と命じた。ぴ、ぴ、よりによってＰＴＡ……。私はさぞかし情けない顔をしていただろう。ＰＴＡって、「専業主婦 vs. 働くお母さん」的なドロドロよね？　私があれほど避けたかった、ママ記者のお仕事ど真ん中――。

渋々取りかかったＰＴＡ取材、まずは過去記事やブログなどを検索していくと、ＰＴＡは義務でも強制でもなく「入退会自由」だということが分かって、とても驚いた。そして、ＰＴＡに異議申し立てをしている人たちがちらほらいた（２０１１年当時、まだツイッターなどのＳＮＳはそれほど普及していなかった）。

その中の一人のブログには長文の書き込みに加え、教育委員会への申し入れ書など大量の資料がアップされており、ただならぬ思いを感じた。そのＰＴＡが存在する北日本の学校にまずは電話で聞いてみると、「ああ、その親御さんはモンスターペアレントと言いますか……」と、当時はやりの言葉でにごされた。モンスターな親か。おそるおそる連絡を取って取材に向かうと、ＰＴＡ活動に苦しむ友人に心を痛め、自分の子だけでなく同じ世代の子どもたちのことまで考えて自分なりのボランティア活動を実践する、拍子抜けするほど穏やかなお父さんだった。あの長文の書き込みは、おそらく問題の所在が理解されないことへの怒りのあらわれだったのだなと思った。その後、「学校や教育委員会に問題を指摘したいけれど、モンペ扱いされたくない」と言って口をつぐむ親たちに、取材で何度も出会った。レッテル貼りというのはこわいものだ（「モンスターペアレント」というのは、第4章に出てくるＴＯＳＳの代表、向山洋一氏が作った言葉だと後に知り、その効果を改めて考えさせられた）。

同じ時期、仙台の教育委員会でＰＴＡについて発表した4人の父親たちに取材した。年の瀬のファミレスでソフトドリンクだけで、新幹線の終電までの数時間、途切れることなく口々に、問題点を話してくれるのを聞きながら、私は面倒でやっかいな「ＰＴＡ問題」というものが構造的なもので、全国にあり、特別に不運な人だけでなく、誰にでも起こりうるのだと確信した。

そして遠くない将来、1歳の子どもがいる自分にも関わってくることになると気がついて震えた。それから、「そうだ、今から記事を書いておけば、小学校に入学する頃にはきっと、ＰＴＡ問題は解決しているはずだ。いずれ歩くことになる道を、先にならしておくつもりで取材すればいいか」と考えた。数本の新聞記事だけで問題が解決すると考えるとは、ＰＴＡ問題の根深さをまだ知らなかったとしか言いようがない。

ファミレスで話した父親の一人は「ＰＴＡへの異議申し立ては、今年広がった「アラブの春」の運動と同じなんです」と言った。私は内心、「命がけで民主主義を求める運動と同じだと言うなんて、大げさな表現だな」と思ったが、その後の取材中に、何度もその台詞を思い出すことになった。この本を読まれたみなさんは、どう思われるでしょうか。

ＰＴＡについて考えるとき、私には忘れられないもう一つの場面がある。

いろいろな新聞社の記者たちと、ＰＴＡについて話し合うフォーラムを2019年5月に初めて開いたときのことだ。目的の一つは「ＰＴＡ問題を考えている人たちの可視化」だった。ＰＴＡに意見を言うだけで変わり者扱いされ、各地で孤立している人に、「ＰＴＡ問題はこんなに多くの人たちが語るテーマで、タブーじゃない。そのモヤモヤは決して考え方のせいじゃない」と知らせよう。そう考えた。

フォーラムでは、パネリストからの発表と、参加者との質疑応答の後、「ＰＴＡのあり方全般」「ＰＴＡと政治」「ＰＴＡと子ども会・自治会」など11のテーマごとに、参加者6〜10人ずつのグループを作ってワークショップをした。

テレビや新聞からの取材も入っていた。「ＰＴＡについて考える会に参加したことは、知り合いに知られたくない」という人もいた。それが現実だった。そんな参加者が、新聞記事の写真やテレビの映像にうつり込んでしまわないように、希望者には、撮影ＮＧの印として、ふんわりしたリボンを首からかけてもらっていた。

私がファシリテーターを担当したグループにも、リボンの女性が一人いた。ＰＴＡの改善を提案して、ＰＴＡの中で孤立してしまっているけれど、何かできないか考えているという自己紹介だった。「そんな状況で、どうしてがんばっていられるんですか？」と私がたずねると、「うーん……、後の人にこのまま残したくないからですかねえ」と答えてくれた。

フォーラムを開催するまでは、ＰＴＡ会員や非会員という人、ＰＴＡ会長、校長など、いろんな人が参加しているし、知らない人と話し合うのは苦手な人もいるかもね？と心配したが、知らない人同士というのが、かえって気楽だったのか、どのグループでも傍観者になるような人はおらず、ワークショップは盛り上がった。最後に、11のグループが話し合った内容を順番に発表していき、笑いが起きたり、納得のどよめきが起きたりした。私たちのグループは、最後の番だった。私は、グループの話し合いの中で一番控え目だったリボンの彼女にマイクを委ねた。立ち上がった彼女に、取材に来ていたＴＶカメラが近寄った。私は「あ、彼女はリボンだから撮影ＮＧです」と手で制した。彼女は一瞬ためらい、そして、リボンを首から外した。人が自らの足で歩き始める瞬間を見た気がした。

本書は、２０１１年から２１年にかけて行った取材のメモのほか、朝日新聞や『論座』などに書いた記事をもとに、新たな取材を加えて書き下ろしました。引用した記事の中に、不適当な表現が一部ありましたので、若干の変更を加えています。最近の動きを網羅しきれていないところはご容赦ください。読者のみなさんからのお便りや、日々の暮らしの中のつぶやきなど、さざ波のような声に導かれてここまで来ました。この本もまた、湖面に投じられた小石の一つになれば、そしてこれから、ＰＴＡの問題にかかわることになる人たちにとって何かお役に立てたらうれしいです。

謝辞を。

最初にファミレスで話を聞いた4人のお父さんたち。その熱が、問題に目を開かせてくれました。ゼロからのPTA取材で多くのことを助けてもらった『PTA再活用論』(中公新書ラクレ)の著者である川端裕人さん。そして、さまざまな議論の蓄積をネットに残してくれた、PTA問題を考えるサイト「素晴らしいPTAと修羅場らしいPTA(Think! PTA!)」がなければ、PTA問題の深さに気がつくことはなかったかもしれません。

新聞社に声を寄せてくださったみなさん、SNSで経験をシェアしてくださったみなさん。取材できたのはごく一部で、申し訳ありませんでした。けれど、いただいたお便りは大小のファイルで4冊あり、折に触れて読み返し、取材を続ける原動力になりました。すべての方のお名前は挙げられませんが、元札苗小PTAの上田隆樹さんはじめ、これまで取材で話を聞かせていただいた現役の、あるいは元PTAの会員のみなさん、そして取材に応じてくださった日本PTA全国協議会の現・元幹部や関係者のみなさん。

PTAの取材を続けるとき、東京大学の林香里教授の本『〈オンナ・コドモ〉のジャーナリズム――ケアの倫理とともに』(岩波新書)は精神的な支えでした。「お母さん記者」という呼び方は今でも好きではありませんが、PTA取材よりTPP取材のほうがかっこいいとは、今は思っていません。『ＰＴＡという国家装置』（青弓社）の岩竹美加子さん、関西学院大学教授の桜井智恵子さんには、さまざまな気づきと励ましをいただきました。

ＰＴＡフォーラム実行委員会の立ち上げ時から一緒にやってくれた東京新聞の小林由比（「東京すくすく」編集長）、今川綾音の両記者、熊本日日新聞の原大祐記者をはじめ、実行委のメンバーのみなさんに、新聞記者の連帯と可能性を感じました。そして手探りで始めたこのフォーラムに、全国各地からやって来てその姿を見せてくれた参加者のみなさん。長年にわたり保護者の立場からＰＴＡ問題を提起して、実行委でもパネリストとファシリテーターを引き受けてくださった猫紫紺こと石原慎子さんには感謝の気持ちとご冥福をお祈りします。

遅筆で考えのまとまらない私を叱咤激励、長い期間にわたってここまで伴走してくれた筑摩書房編集者の石島裕之さんの存在がなければ、この本は間違いなく世に出ることはありませんでした。

部署を超えて問題意識を共有し、それぞれの記事に刺激を受けつつ、時には一緒に記事を書いてきた同僚の田中聡子、杉原里美の両記者に感謝をこめて。

2021年7月5日

堀内 京子

堀内京子 ほりうち・きょうこ

一九九七年より朝日新聞記者。経済部、文化くらし報道部、特別報道部など。執筆陣の一人として『徹底検証　日本の右傾化』（筑摩選書）、『まぼろしの「日本的家族」』（青弓社）、『ルポ　税金地獄』（文春新書）に参加。

筑摩選書 0218

PTAモヤモヤの正体
役員決めから会費、「親も知らない問題」まで

二〇二一年九月一五日　初版第一刷発行

著　者　堀内京子

発行者　喜入冬子

発　行　株式会社筑摩書房
東京都台東区蔵前二-五-三　郵便番号 一一一-八七五五
電話番号　〇三-五六八七-二六〇一（代表）

装幀者　神田昇和

印刷 製本　中央精版印刷株式会社

ISBN978-4-480-01736-9　C0337